研古人生

——张研教授追思录

牛贯杰　毛立平　主编

中原出版传媒集团
大地传媒

大象出版社
·郑州·

图书在版编目(CIP)数据

研古人生：张研教授追思录 / 牛贯杰，毛立平主编.— 郑州：大象出版社，2015. 9
ISBN 978-7-5347-8102-5

Ⅰ. ①研… Ⅱ. ①牛… ②毛… Ⅲ. ①张研(1948~2014)—生平事迹 Ⅳ. ①K825. 81

中国版本图书馆 CIP 数据核字(2015)第 127400 号

研古人生

——张研教授追思录

牛贯杰　毛立平　主编

出 版 人　王刘纯
责任编辑　张前进　董翾华
责任校对　马　宁
书籍设计　王莉娟

出版发行　大象出版社(郑州市开元路 16 号　邮政编码 450044)
发行科　0371-63863551　总编室　0371-65597936
网　　址　www.daxiang.cn
印　　刷　郑州新海岸电脑彩色制印有限公司
经　　销　各地新华书店经销
开　　本　787mm×1092mm　1/16
印　　张　9.75
字　　数　93 千字
版　　次　2015 年 9 月第 1 版　2015 年 9 月第 1 次印刷
定　　价　28.00 元
若发现印、装质量问题，影响阅读，请与承印厂联系调换。
印厂地址　郑州市文化路 56 号金国商厦七楼
邮政编码　450002　　电话　0371-63944233

生 平

张研（1948—2014），女，北京人，祖籍安徽。中国人民大学清史研究所教授，博士生导师，中国社会史学会理事，享受国务院特殊津贴，中国古代史、清史、经济史、社会史研究专家。

张研教授生前培养史学博士生和硕士生20余名。

张研教授对社会史范畴的清代族田、基层社会结构、经济，17—19世纪中国人口与生存环境，中国社会、婚姻家庭史和人口史等进行了开拓性的研究，卓有建树。出版学术著作15部。发表学术论文20余篇。张研教授亦注重历史知识的学术普及工作，出版普及类史学读物20余部。晚年兼事民国文献整理，编纂《民国史料丛刊》1128册，《民国史料丛刊续编》1139册，为拓展民国史研究提供了丰厚的史料基础。

张研教授将自己的一生都奉献给了她所热爱的教育事业和清史研究。她严以律己，宽以待人，胸襟坦荡，大公无私，堪称为人师表的典范，深受学界同人和学生们的爱戴。

著　述

主要学术专著

◎ 1991 年

《清代族田与基层社会结构》，中国人民大学出版社。

◎ 1992 年

《中国经济法制史》（合著），审计出版社。

◎ 1997 年

《中国社会通史（清前期卷）》（合著），山西教育出版社。

◎ 1998 年

《清代经济简史》，中州古籍出版社。

◎ 1999 年

《18 世纪的中国与世界（社会卷）》（合著），辽海出版社。

◎ 2000 年

《清代社会的慢变量》，山西人民出版社。

◎ 2001 年

《18 世纪的中国社会》，台湾昭明出版社。

◎ 2002 年

《19 世纪中期中国双重统治格局的演变》（合著），中国人民大学出版社。

◎ 2003 年

《19 世纪中期中国家庭的社会经济透视》（合著），中国人民大学出版社。

◎ 2004 年

《清史十五讲》（合著），北京大学出版社。

◎ 2005 年

《晚清统治格局研究》（合著），台湾昭明出版社。

◎ 2006 年

《17—19 世纪中国人口与生存环境》，黄山书社。

◎ 2010 年

《清代社会经济史研究》，北京师范大学出版社。

◎ 2011 年

《清代县级政权控制乡村的具体考察》，大象出版社。

主要历史普及读物

◎ 1993 年

《郑和下西洋》，台湾云龙出版社。

《皇太极传奇》，中国人民大学出版社。

《康熙传奇》，中国人民大学出版社。

《雍正之谜》，中国人民大学出版社。

◎ 1997 年

《庄子》，中州古籍出版社。

《大小周后》，台湾知书房出版集团。

◎ 1999 年

《宋太祖赵匡胤》，文苑出版社。

◎ 2000 年

《中国十大创世神话》，中州古籍出版社 1989 年 1 版，河南人民出版社 2 版（中英文对照）。

《天国悲歌》（合著），山西人民出版社。

◎ 2003 年

《原来努尔哈赤》，香港中华书局。

《原来康熙》，香港中华书局。

《原来雍正》，香港中华书局。

◎ 2004 年

《原来袁世凯》，香港中华书局。

《原来慈禧》，香港中华书局。

◎ 2005 年

《历史新闻・明清卷》（乾隆卷 1、2 册），中州古籍出版社。

◎ 2015 年

《重读努尔哈赤》，东方出版社。

代表性论文

《从社会史角度看刘铭传的入仕》，《安徽史学》，2006 年第 1 期。

《18 世纪中国的人口与家庭》，[日本]《名古屋大学中国语学论集》，2006 年第 1 期。

《关于中国传统社会土地权属的再思考》，[韩国]《中国史研究》，2006 年第 1 期。

目 录

追忆篇

我们眼中的女儿张研

张开帙

她是著名历史学家。中国人民大学清史研究所总支书记、中国人民大学教授、博士生导师。享受国务院特殊津贴。她因患肺癌医治无效，于 2014 年 4 月 12 日凌晨 2 时 40 分逝世。年仅 66 岁。

她是中国共产党优秀党员，是中华人民共和国的好公民，是我们至亲的对我们万分孝顺的好女儿。

这不是空话，根据是：她从读幼儿园，到读小学、中学、大学，再到读研，直到晋升为博士生导师，都勤奋学习，全心全意接受党和国家对她的培养和教育。她没有辜负党和国家对她的希望，她获得了优异成绩。

她工作后，为了回报党和国家的恩情，在中国人民大学勤勤恳恳教书育人。她培养了数十名历史学博士研究生和硕士研究生。在参加她追悼会的数百人中，除了她在各个时期的同学、同事，亲属，外地的学术同人外，还有经她培育的研究生。

除 113 个人以个人名义送花圈外，中国人民大学历史学院、北京师范大学历史学院、中国人民大学清史研究所、中国人民大学考古学系、中国人民大学历史系等5个单位，以及清史文献组、北师大二附中全体同学、北京师范大学历史系七七届同学，都集体送了花圈。

张研自1987年在《中国经济史研究》发表《清代族田经营初探》以来，长期耕耘在清代经济史和清代社会史研究领域，后从事民国文献整理，勤奋、刻苦，终身不辍。

她思想敏捷，治学严谨。1990年初，她从传统经济史研究框架中别开生面，对社会史范畴内的清代族田进行开拓性研究，出版了《清代族田与基层社会结构》一书，引起国内外，特别是日本的中国经济史学界的广泛关注。

1990年中后期，她充分借鉴当代社会学理论方法，对以往研究相对薄弱的中国基层社会及运行机制展开系统分析，著有《清代社会的慢变量》一书，将社会史研究引入了新的方向。

在清代土地所有权问题、婚姻家庭史和人口史等研究领域，她也卓有建树。先后出版了《18世纪的中国社会》《19世纪中期中国双重统治格局的演变》《19世纪中期中国家庭的社会经济透视》《17—19世纪中国人口与生存环境》《清代县级政权控制乡村的具体考察》等系列专著。

针对国内学界在19世纪中国史研究中存在的“前后割裂”和“上下脱节”现象，她强调，清代历史的发展演变具有内在的一致性，对清代前后期历史研究的整合做了重要贡献。

她还先后编著有《中国历史（元、明、清）卷》《清史十五讲》等教材，深受青年学生和广大读者的好评。此外，她很注意历史知

张研与父亲在一起

识的学术普及工作，1980年以来，出版史学科普读物20余部。

2002年，国家清史纂修工程启动后，她任文献组项目专家。研究兴趣也转向史料典籍编纂的基础工作。她从大型史料汇编相对薄弱的民国史料入手，编纂《民国史料丛刊》1128册，《民国史料丛刊续编》1139册，为拓展民国史研究，提供了丰富的史料基础。

此外，她还发表了一批对社会有益的著作。

2010年她已退休，但仍不辞劳苦，奔赴全国各地，为编纂大清史效劳。

几十年来，只要她不出差，每周二和周六必要回家和我们相聚，向我们讲解她的工作情况和其他见闻，使我们开阔眼界，精神有所寄托。每次回家都给我们带来有营养的食品。她常出差，为了使我们快乐，每次回来除介绍她看到的当地情况外，还经常带回当地的工艺品和名小吃。她的这些做法，不是十次百次，而是几十年一贯如此，多不容易呀！由此可见她的孝心！

我 80 岁左右手就发抖了。张研看见了，建议我学习使用电脑，她教我。我同意了。于是，她立即给我买来一台电脑，为加快进度教我学习，她费了很大功夫，制作一张自然码拼音简图，使我很快能使用电脑工作了。后来她见我剪报积累材料，又给我买来扫描仪，大大提高了我的工作效率。

现在我已经用电脑写成一本《情系人民航空》，抄一本《雏鹰展翅的岁月》，写成《在党的教育下成长》一文。另外，《空军航空的天梯们》和《机场雷电》两书的材料，大部分已录入电脑，这些是我对社会的贡献，也是张研孝心的贡献和成果。

她的工作单位对她的评语是："张研教授将自己的一生都奉献给了她所热爱的教育事业和清史研究。她严以律己，宽以待人，胸襟坦荡，大公无私，堪称为人师表的典范，深受学界同人和学生们的爱戴。"

"文化大革命"时期，她反对"打砸抢"。在斗争激烈的时候，为了安全，她把她的同行们引进空军大院这个保护伞下，亦即我们的家。他们把这里作为活动的聚点。他们经常外出与邪恶作斗争。当时国家在"四人帮"的倒行逆施下，善恶颠倒。但这批年轻人在那个时代能辨别是非，并与之斗争，实属不易，令我们十分钦佩，他们之间至今感情仍笃。

张研英年早逝，我们十分悲痛。但这也是无可奈何之事。让我们祝她冥福吧！

圆圆，妈妈好想你

——每天我都想你呀

麦　林

张圆圆——张研

张研是圆圆参加工作后她自己改的名字，我体会她的意思是，要张开双翅研讨人生。

1948 年 9 月 17 日的清晨，黑龙江省东安（今密山）市东北老航校校部的一间宿舍里，怀孕已九个月的我准备去出早操，忽感预产。卫生队的日本老助产士匆忙赶来了。老公开帙见状，放心地去出早操了。随着阵痛，我又诞生了一个女儿。助产士报告：3600 克！这天是阴历八月十五，正是我国的团圆节日中秋节。女儿的脸蛋儿圆圆的，因此我们给她取名“圆圆”。这孩子出生后安安稳稳，乖乖的，从不哭闹，使我们可以放心地工作。

随着圆圆的诞生，我们迎来了东北解放战争的胜利。国民党军兵败如山倒。圆圆的父亲张开帙和老航校的一些干部、学员兴高采烈地奔赴长春、沈阳等地去接收国民党的人、财、物去了。随后，学校也从东安迁回牡丹江。老航校在牡丹江新开了气象、仪表、通信等学习班。训练部的单位只有一个编译室。两个女儿乖乖的，使我能够完全放心和安心地从事我的翻译和编译室的工作。1949 年 3 月，我奉调至位于北京的军委航空局，继续担任翻译工作。圆圆和姐姐林娜随我乘一辆闷罐车到了北京。空军成立后，我在司令部任翻译科科长，负责全空军的翻译工作。在保姆的照护下，圆圆和姐姐林娜健康地成长。

圆圆 3 岁时上了幼儿园。她不像姐姐当初上幼儿园时那么大哭大闹，她不言不语，好像很懂事，知道不去不行。送她去幼儿园时，顺顺当当，不但没有哭，临别时，虽无奈，还招招手。当时军委和空军的幼儿园，要先住两个星期后才能回家。

我们去接她时，她见了我们直发呆，但没有哭。她对我说，她不上这个幼儿园了。我们问，为什么？她说："这里的小孩儿太多。"我问，你不上幼儿园怎么办呢？她说："我上日托，上大方家胡同幼儿园。"大方家胡同在我家住的史家胡同东边，两条胡同正对着，中间隔着一条南小街。每天有一辆装有车厢的三轮车接送小孩儿去大方家胡同幼儿园。这辆车正好路过我们家的门口。圆圆很是羡慕。她原来上的幼儿园是空军开办的，大方家胡同幼儿园是民办的，需交学费、车费。但是，我们满足了她的愿望。她每天都高高兴兴地坐上接她上幼儿园的三轮车。看！小小的年纪，多有思想，多有主意！

圆圆特别恋家。我们翻译科一度从灯市口的同福夹道搬到东四十二条海运仓的仓夹道，离家远了，所以，我每周六回一次家。圆圆总想办法往我的办公室打电话，带着哭腔可怜兮兮地说："妈妈，我想你！"

张研与父亲、母亲和姐姐

张研与父亲、母亲

圆圆 6 岁上空军办的育鹏小学。学校在西郊永定路，与军委的十一小学一墙之隔，小学也住校。圆圆特想家，总想给家里打电话。怎么办呢？她知道老师那里有电话，当然不敢去，但她竟然会想到传达室有电话。

我意外地听到，她从育鹏小学传达室打来的电话，听到圆圆“妈妈，我想你”的稚嫩声音，心想，她多有主意，多会想办法。午休时，她竟然跑到十一小学去找姐姐，和姐姐一起午睡。

不管多么困难，她也要回家。一个星期六，学校没有放假，没有送学生回家的车。为了回家，她不顾一切，竟带着一个在我家住的一年级小男孩儿，从学校（永定路）步行回家。这路程，从永定路要经沙窝、五棵松、万寿路、公主坟，到空军大院，有十几里地，多远呀！

她竟然走了回来，我们惊讶了。

圆圆爱读书。当时，没有电视。圆圆回家就爱看画书、小人书。爸爸总是满足她，有新书就买。

年龄稍大一点，看“高玉宝”、“红旗飘飘”丛刊系列（讲红军、八路军的革命故事），《卓娅和舒拉的故事》《林海雪原》《青春之歌》《红旗谱》《保卫延安》《钦差大臣》《钢铁是怎样炼成的》等。她讲起《红旗谱》《钦差大臣》里面的人物，津津有味。姐姐在时，她们一起唱歌、说笑；她一个人时，便坐在沙发上，静静地专心看书。因此，她积累了许多词汇。小学三年级时，我发现她的作文已经很不错了。记得她的一篇作文，我看后很惊讶，遣词、造句、立意，像成人写的，

张研儿时照片

哪里像一个 9 岁孩子的作文。我的同事看后，也称奇不已。一次，她的一位同学极其兴奋地对我说，圆圆写的一篇说钟表的作文，太神了！

圆圆从小就会编故事。有一年春节，大概在圆圆二年级时，我们全家在一起谈天说笑。爸爸装作从月球来到地球访问的客人。见到我们，叽哩咕噜说了一大堆话，要求翻译。姐姐说：“圆圆翻译吧。”圆圆毫不迟疑，立即出口成章，编了一套月球人赞美地球和中国春节，以及向中国人问候的话语，把大家逗得笑破了肚皮。大家对她的表现也都称奇。

圆圆上三年级后，我发现她变了，能自立了，不娇气了。

小学六年，她的学习成绩年年名列前茅。从一年级开始当班长，到六年级，年年当班长。她是好学生、好班长。她成长了，懂事了，懂得爱国爱党了。

圆圆进入师大女附中后，上初中一年级时体育老师让她参加投掷标枪的训练。她特别投入。一段时间，她回家后，一头扎进房间，不知道埋头干什么，挺神秘。因其表现异常，我有点担心。因此我想趁她不在，看看她在本子上写什么，原来是投掷标枪的笔记。这个笔记不一般，对投掷标枪时如何投好、投远的每一个细微动作都记得无比详尽，字也一笔一画特别规整。我的心被震动了一下，她对如何投好标枪，多么投入，多么痴迷，多么下功夫钻研！从这件事，我发现了她的认真、执着和痴迷的钻研精神。

师大二附中高中开了一个文科班。圆圆听了老师的建议，她到师大二附中的高中文科班学习了。这时，她又有一篇文章打动了我。这是她写的一篇批判欧阳山的小说《三家巷》的文章。那真是一篇义正词严的檄文。我阅后，心又为之一动。我没想到，一个十六七岁的孩子，竟能写出那么犀利而又义正词严的批判文章，文笔那么好。她接受了党的教育，有鲜明的政治思想了。她长大了。

1966 年 5 月，她即将高中毕业，中国音乐学院到二附中文科班招收音乐理论系的学生。艺术院校一般都提前招生。圆圆有一副好嗓子，有人说她是马玉涛第二，我看她比马玉涛的音域还要宽一些。有一次，她突然唱了一嗓子，吓我一跳。她识五线谱，后来被学校接收了。不幸的是，“文化大革命”把中国音乐学院“革”掉了。张圆圆无奈与自己的音乐梦想擦肩而过，中国音乐界因此而失去了一位歌唱家。

“文化大革命”中，师大二附中的红卫兵对新中国成立以来的成就（包括教育路线）全盘否定，他们以出身、观点把老师和同学

中学时代的张研

按敌我划线，对所谓的“敌人”加以粗暴的、侮辱性的，甚至是毫无人性的打击。尤其不能容忍的是，她们竟把校领导、校党支部书记活活打死。圆圆和几位同学组织起“九人小组”，后来发展为“红旗”，与他们进行坚决的斗争。这是师大二附中校内第一个公开与红卫兵相对抗的群众组织。他们为了同红卫兵作有力斗争，与其辩论前，大家一起学习过毛选和列宁关于“左派幼稚病”的论述。她的同学钟山说：“圆圆以她的思想深度、斗争勇气和组织才干成为‘红旗’无可争议的领导核心。”

“红旗”被诬为“黑保护伞”和反革命组织，总部被砸，人员被扣，圆圆让大家设法撤到空军大院的家里继续战斗。圆圆和“红旗”的同学们为了拯救钟山（她被诬是“彭黄死党子女”而被批斗，剃了“阴阳头”），反映事件真相，冒险到《红旗》杂志社总部请愿。

除了圆圆，“红旗”的9位同学是：郭振、王文德、许振德、李南生、张同建、曹新书、白幼蒂、李红、钟山。他们在我家吃住了约半年。

之后他们相约“长征”，去了延安。

1969年，他们回京后，学校解散了。其中一部分人到农村插队锻炼。因我去了河南的五七干校，在空军工作的圆圆的父亲要长时间在西线参加核试验工作，姐姐张林娜就读的清华大学搬到四川绵阳，家中无人了。因此，圆圆听从了空军有关领导的建议，去一个军工厂锻炼。

这个工厂叫“青云仪器厂”，负责生产航空仪表。在这里，她改名为张研。厂领导见她是高中毕业生，便分配她到装配车间。她在车间看到工人都穿白大褂，装配工作虽很细致，但并不费力，是较为轻松的工种。她认为到工厂是来锻炼的，不愿干轻松的活儿，于是要求到最艰苦的车间，干最累的活儿。因此，她申请到了车工11车间冲钳班，当了一名钳工。钳工的主要工具是钻床、锉刀、榔头等，要在铜、铁、铝零件上打孔，攻丝，主要是手工活儿。张研经常干的活儿是用锉刀给零件打毛刺，这是个很简单、没有什么技术但需要精力集中的很累的体力活儿，很枯燥，也比较脏，但她干得很起劲。她是这个车间的团支部书记。其间，厂里经常抽她去帮忙。武装部抽她去组织过受阅民兵活动，宣传部抽她到各车间去演讲毛泽东思想，等等。

1974年，张研光荣入党了。

1975年12月，她和这个车间在一起工作的车工谷维民结婚。1976年，她有了一个儿子，取名谷盾。1977年，国家恢复高考，她同时被北京广播学院新闻系和北京师范大学历史系录取。那时她已29岁，招生办鉴于她的年龄，建议她上北京师范大学，她自己也认为去学历史较好。她把孩子交给爷爷、奶奶照管，自己一头扎进学校，专心学习。1982年从北师大毕业后，她考入中国人民大学清史研究所，攻读硕士学位。导师李华是研究清代经济史的专家。她随导师进行经济史方面的学习和研究，卓有成效，后成为中国人民大学教授、博士生导师。她曾任清史研究所副所长、党总支书记。她在北师大四年的学习情况和在清史研究所学习工作的情况，她的同学兼同事陈桦和孙燕京等有文告知，可参看他们写的有关张研的文章。

张研出版的著作，据不完全统计，清史著作22部、其他历史著作3部、民国史料丛刊2267册、清史论文25篇。此外，1982年她在科普出版社出版了一本《照着画画库——幼儿照画描摹》一书；在1982年出版的《科普创作》杂志刊登了一篇与科普漫画家缪印堂合作的儿童科普漫画《两个点儿》。此外，电影出版社出版的《娃娃爱祖国》一书中收录有她的两篇文章。最近，我们整理房间，意外发现她手写的一部长篇《少数民族史诗》诗稿。纸张陈旧，估计这部遗著写于20世纪80年代，应该是在写《大小周后》和《郑和下西洋》前后。《大小周后》和《郑和下西洋》两书在台湾出版，出版社要求用繁体字。当时没有计算机，是我用繁体字帮她抄写的。张研还曾对我说，她打算退休后，写一本《新老残游记》，披露教育界中的腐败和丑陋。

好学生　好老师

张研在上小学时是好学生。从一年级到六年级，年年当班长。

她小学毕业后，老师常常以她的学习精神、优良品质激励后来的学生。她初中、高中、大学的学习成绩都名列前茅。她学习努力，积极进取，思想进步，乐于助人，团结友爱，是大家心目中的好学生、好学姐。

她在中国人民大学清史研究所任教授、博士生导师时教授学生的情况我不甚了解，但有一次使我感受甚深。她在审阅她的最后一个也许是倒数第二个博士生的论文时，表现有些为难，说要好好改。于是，她决定提供一个详细具体的修改提纲，以便于学生修改。她在看修改过的论文时，认为这个论文可能通不过。若退回去再改，时间来不及了。怎么办呢？为了帮助这个博士生按时毕业，她亲自动手，全神贯注修改了这篇论文。我想这个学生应当十分“感谢”这位老师吧！

好女儿 好媳妇

张研，我的好女儿，忠孝仁爱，温良恭俭让，集中华美德于一身。她忠于国家，忠于党，是好公民、好干部、好党员。她全心全意孝敬父母，孝敬公婆。她的父母家，她的公婆家，从购房、装修、买家具，到买衣物、买菜、求医看病，一切一切，全是她操持，而自己却很简朴。她自己穿的衣物都到金五星、天意等大众商场去买，买的衣服多是几十元、一百多元钱的。买家具尽量去尾货店，她书房的写字台、桌椅书柜、电视等，都是我陪她在一个尾货店购置的。她是一个难得的持家能手。

她爱姐妹兄弟，有什么好吃的、好玩的都想着他们。她小时候有什么好吃的、好玩的，若姐姐不在，她便给姐姐留着，等着和姐姐一起享用。她爱同学，在小学时就会为同学打抱不平，爱帮助有困难的人。

圆圆能做一手好菜。我们延安的同学，都是坚定的共产党员，都为革命和国家建设做过贡献。而他们在“文化大革命”中，全都被无情地批斗过。因此，从 1980 年开始，我们同学每年都要聚会。开始到我家聚会较多，主要是圆圆掌勺儿。她买一本做菜的书，学习钻研，后来能做成桌的菜。不但做的味道很好，而且有所创新。她用炸猪排的作料和方法来炸蘑菇，比炸猪排更鲜美。这道菜在许多烹饪书上都是没有的。她经过研究还做成了奶油烤鱼。这道菜，一般家庭请客都不会做的。可以说，圆圆称得上是厨艺高手。

圆圆不但在物质上对我们做父母的给予无微不至的照顾，而且在精神上也关怀备至。为使我们开阔眼界，她给我们买电影票，看 3D 电影《阿凡达》等。特别是教我们使用电脑写信。为此，她为我们买了电脑，教我们学用自然码，并把自然码的拼音规律写在一张大纸上，把大纸贴在一个板子上，使我们便于查看。教我们怎么涂改、怎么移行、怎么保存文本，还教我们扫描、插图、移动插图等。我们后来都会使用电脑写文章。为了教我们扫描，她特地到中关村为我们买了一台三位一体的扫描仪。

圆圆对谁都好。她想着周围所有的人，基本上有求必应。

圆圆，你是天下最好的女儿，我有你这么好的女儿，感到无比的宽慰和骄傲。

追忆张研

谷维民

张研去世后我无限悲痛，许多人也在追忆她，缅怀她。

笔底英雄路，栩栩相怜相顾。大爱总生花，信手拈来说酷。最将千秋负，远去何急促！自此少春色，罕见了，悲和怒。

文人学者用诗赋表达自己的哀伤，我的文化程度低，文学底子薄，写不出内涵深奥的诗赋。我只有罗列我和她生活中的点点滴滴和感触，并把它们记录下来，表达我的追忆和无限哀伤。我打字水平差，又在悲痛中，特别想把我堆积起来的不成文的东西整理成文。我的丧妻之痛难以言表。我深知逝去的人不能生还，但她的音容笑貌总是呈现在我面前，总希望她能重生，与我相伴。她去世后整理她的生平和著作时，我才知道她主要学术专著有 16 部，学术论文 26 篇，教材文献 3 篇，共四五百万字。另有文献资料整理 2 部。

青云仪器厂

我和张研从认识到结婚经过 7 年，到她离我而去，我们共相伴 46 年。张研的学生都管我叫谷叔叔，有的学生不理解，张研这位博士生导师、教授，怎么嫁给了一个工人？这是“文化大革命”的产物。

1969年春，为了照顾张研爸爸（她妈妈在五七干校，姐姐上的清华大学当时搬至四川绵阳），空军将她介绍到航空工业部青云仪器厂。青云仪器厂是当时在京的国防企业大厂，是生产航空陀螺仪表的军工厂。它属于保密企业，内部叫国营232厂。当年别的国营企业二级工工资都是38元，三级工是46元；而青云厂的二级工工资是41.93元，三级工是49.5元，比别的企业工资高不少。张研分配在生产冲塑压件的11车间冲钳班，工作内容是把冲床、车床和铣床不能继续加工的零件用人工和小型机械手工完成。因为是以手工为主的活儿，所以又脏又累，还需要有一定的技术。青云仪器厂是1958年筹建的，当时招收的工人大多数是技校的毕业生。张研入厂时是个普通工人，和其他老一点的工人相比她排不上号。后来经过刻苦努力，她很快就当了班长、团支部书记。她总是累活、脏活抢着干，她的口头语是：“干部一干，胜过说千道万。”当时能在青云仪器厂车间当个班长是很不容易的事，要技术好、人缘好，才能得到大家的认可。

我第一次见到张研时，她穿着一身褪了色的黄军装，衣服好像快撑破了一样，还戴着顶军帽，胖胖的脸上架着副眼镜。听说还是个干部子弟，我从我的车床边斜视了她一眼，没留下好印象。我当时在车间是车工，1964年进厂，1968年分配到11车间，当时已经是车间骨干。我俩能深层接触，是因为有一个共同的愿望和理想，那就是想尽早地加入中国共产党。我们都想为共产主义事业奋斗终身，这是毛泽东时代有志青年的共同信念。她常找我聊天，讨论共产党员的标准。那时党的组织也存在一些不良现象，有的人为了入党，早早地到车间推车给大家打热水；为了入党，“斗私批修”，“狠斗私心一闪念”。我俩对很多虚假形式和一些问题的看法很一致，所以开始较为频繁地接触。她的真诚努力、豪放性格、大公无私品质和精湛技术，赢得大多数人的认可，所以被选为团支部书记，并被定为党支部的重点培养对象。我是团支部文体宣传委员，在她的领导下，我们接触更多了，我们共同出板报，讨论各种问题。1973年，车间党支部开始讨论她的入党问题。我在工作上也很努力，可总有人说我骄傲自满，没有常性，三分钟热乎气，始终没被列为党支部的重点培养对象。张研经常鼓励我，有三分钟热乎气比没有好，年轻人就应该有理想、有抱负，要目不斜视，耳不旁听，干自己想干的事。

我们车工是站着操作，她经常在我车床对面和我谈一些事，于是，便有人提意见，说我们俩上班谈恋爱。那时不知什么是谈恋爱，在车间公开谈恋爱是禁止的，是要受到批评的。因此，她的入党时间受到了影响。

张研经常参加厂里的义务活动，挖防空洞总是积极报名，大家都愿意和她分在一个小组劳动，因为和她一块儿干得快。在她的鼓动下，大家干活不觉得累。

张研多才多艺，大家都说她脑子好、聪明。她曾经参加过“批林批孔”活动。在大型活动上，她拿几张纸写个提纲，便能清清楚楚地讲一两个小时。她也参加毛泽东思想宣传队的活动。她的嗓子好，声音高，音色好，音域宽，那个年代跳舞的在台前，唱歌的在台后，只要她一唱歌，台下的观众都站起来向台后看。现在不同了，以唱歌为主，跳舞为辅。张研说，现在是舞伴歌，过去是歌伴舞，舞台的焦点变了。

结婚和高考

张研性格开朗，广交朋友，组织能力强。她进厂不久，参加了厂里组织的女子民兵连，她被大家选为女子民兵连指导员。我和她在交往的过程中有了感情，多是她替我着想。当时我们的工资不高，每月 40 元左右，她家的条件比我好一些，每月能存十几元钱，积攒了一年多，给我买了一辆永久牌自行车。这是当时的主要交通工具。当年一辆自行车的价值不比现在一辆汽车差。她从没学过织毛衣，为了我，她买了毛线，一针一针学习织毛衣，用整整半年时间给我织了一件毛衣。

我和张研感情在升华时，我被车间送到青云工学院大专班学习。为了鼓励我学习，我们推迟了婚期。大专班一学三年，1975 年 6 月毕业。1975 年 12 月 15 日，我们登记结婚了。

1977 年，高考恢复，张研觉得机会来了。1966 年“文化大革命”前，中国音乐学院提前招生，张研报考了音乐学院理论系，并被录取。由于“文化大革命”停课闹革命，她失去上大学的机会。如果那时她上了音乐学院，她就拥有音符人生，是乐坛女侠了。因为她是车间骨干，又年龄较大，快29周岁的人了，车间开始不同意她去高考。后经工厂宣传部领导到车间做工作，车间才同意她参加高考。张研曾调到宣传部工作，他们了解她的文学水平，都很欣赏她。组织批准后，她开始复习功课。她说她语文没问题，数学没把握。我说：数学我可以帮你，函数、解析几何我都会一些。我给她讲了函数、几何等初步知识，她自己就能开始看书解题。到第三个月时，绝大部分数学题她都能掌握了。

当时大学可选的学科较少，她第一志愿报考的新闻专业，第二志愿是北京师范大学历史系。考试那几天，每天傍晚我都去接她，每天祝福她考好。当时我们住在空军大院，我总是在军博前的十字路口中间警察指挥交通的指挥台上等她。见到她，我第一句话就问："考得怎样？"她总是信心满满地说："没问题，90分以上。"我高高兴兴地用自行车驮着她回家。回家后先看我们不满周岁的小宝宝。当时要上大学，她唯一割舍不下的就是我们未满周岁的儿子。

惊人的品质

1976年春节，张研第一次去我的家乡。张研是军人子弟，她的爸爸"文革"以前是空军的机务部长，军级干部，按当时的说法，她也算是个高干子弟。可是她朴素大方，没有一点点娇气。我的家乡在河北省灵寿县陈庄镇水泉村，紧挨着山西。陈庄镇是抗战时期贺龙领导120师痛击日寇的"陈庄大捷"发生的地方。水泉村距离当年晋察冀聂荣臻领导的边区40多华里，即现在的河北省阜平县城南庄。西南距红色革命根据地西柏坡约50华里，即现在的河北省平山县。她嫁到谷家是我们谷家的荣耀，当然也是我的福分。1976年春节前，她随我回到了我的出生地水泉村。当时家里的条件非常艰苦，我们那地方，用我爸的话说："穷山恶水石头多，糠菜半年还挨饿。当年家里有窝头吃，可能就不会出来干革命了。"我们家的条件非常差。奶奶、大伯、大娘、我大伯的一个傻女儿，还有我姑姑过继给我大伯的一个儿子，全家五口人，就大伯一个劳动力。冬天没有暖气，屋里没有生火，水都会结冰。

我和张研回到家，七八个人睡在一个大土炕上，互相挤着，张研毫无怨言，而且兴致勃勃。第二天一大早，张研就拿担子挑了两桶泡好的豆子，到离家一里多的东坡磨豆子。我们当地有春节家家做豆腐的习俗，磨完豆子回来才能煮豆浆，做豆腐。乡亲们看到一个陌生女人一大早挑着那么重的担子在山坡上走，问她："你是谁家的？"她爽朗地笑道："我是老谷家的。"当时乡亲们都传为佳话。我们村和大多数华北的农村一样，进村是一棵大槐树，槐树下面有一个大碾子，右边是一个小碾子，左边是一个做豆腐磨豆子的石磨。1976年，我们村已经通了电，磨豆子开始用电磨了。可是一些五谷杂粮，还需用碾子磨。如今碾子已经退出了历史舞台，现在好多孩子没有见过。推碾子是非常重的体力活，一般都是中年妇女和年轻的男孩子们推。推碾子不但累，还容易头晕，要不断地走圈，不能往下看，往下看容易头晕恶心，一般人推上20分钟到半小时就得换人。驴推磨时都要蒙上双眼，驱赶着才能不停地转。我们家和其他人家一样，过年也要推些黏黍子做年糕。因为我们结婚，我母亲和兄弟也要回去，家里就要多做些过年的食物。我和张研，以及我大娘，上午 9 点多开始推碾子，一直到傍晚，推了好几十斤的玉米和黍子。我们本家的二爷爷，在一边看张研推碾子，一是刚进门的新媳妇，二是大城市回来的，估计她推不了一会儿就会头晕，不会再推了。他拿个小板凳，坐在他家门口，一会儿出来看看张研到底能推多长时间。可是张研一直推到中午，吃了口饭，下午接着又开始推。我二爷爷特别高兴地对我说："真娶了个好媳妇。"晚上他老人家特意炖了肉，让我们在他家里吃饭。我弟兄五个加上我的舅表弟妹、姨表弟妹、姑表弟妹，共计 25 人，加上弟媳、妹夫，约 50 人。不算侄子辈的，我年纪最长，都管我叫大哥，管她叫大嫂。她的学历最高，品德优秀，大家都很尊敬她，我常以此为豪。

我妻子是中国人民大学的博士生导师，教授。她刻苦学习钻研的精神现在刚要感染侄子辈时，她就离我而去，此生难求矣。

大　孝

百善孝为先。张研孝，是大孝。既孝敬父母，又孝敬公婆。我父亲离休后，身体不好，我们劝他写点回忆录调节一下生活。我父亲用了近两年的时间写了自己的回忆录，也就是把材料堆起来。我父亲文化程度低，参加革命后才开始学习文化。张研用了多半天的时间，给他的回忆录进行了分段、修改，设计版面、封面，又找印刷厂印刷成册。我父亲看到自己写的不成文的东西变成一本精致的书，高兴得爱不释手，说："没有我的儿媳妇，我的书根本出不来。"我说："这可是博士生导师给你改成的。"我父亲 89 岁高龄，患有帕金森病，腿脚不利落，走路较吃力。为了让我父亲的双腿每天得到锻炼，张研给他买了一辆高级踏步车。一次，张研买了一个吸氧机，听说我父亲要，她马上给我父亲送过去。凡父母的需要，她都积极努力去办，而且自己掏钱，从不计较。当我父亲听到张研的噩耗时，心痛得两腿都不能走路。张研把传统的孝和现代的孝结合在一起，每到父亲节、母亲节，她都想着给双方父母买东西。

一次母亲节，她给我母亲买了两双鞋，我母亲不解。她说，母亲节女儿要给母亲买鞋，你没有女儿，我当儿媳的给你买吧。这令我母亲非常感动。我母亲没有坐过飞机，张研便设法带我母亲坐了一次飞机。我母亲说："多亏有这样的儿媳妇！"

我奶奶在世时，每逢春节，我都回老家看奶奶。奶奶去世后，我便回山东看父母。张研除了逢年过节与她父母团聚外，每周六都回家看我的父母。后来她每周二也回家一次。但回家后，她大部分时间都在写自己的东西，父母各干各的事。可是她说，和父母在一起，不说话守着，心里也是踏实的。

大　爱

张研的爱是大爱。她爱家庭、爱兄弟、爱儿子、爱孙女。每听到孙女要来，她都给小孙女准备吃的和玩的。我的小孙女不满 4 岁，嘴里就常叨唠：张研奶奶怎么对我这么好啊。张研病重时，我儿子总想带女儿来看奶奶，都被张研拒绝。她不愿让孙女看到她痛苦的样子。她爱弟弟、弟媳。我是家里老大，张研是大嫂。她对弟弟、弟媳们都特别疼爱，每次外出回来总要带些当地土特产和工艺品给弟弟、弟媳们。每逢春节，她都给侄子们准备好过节的礼物，年年如此，回回如此，像法定似的。我的弟弟、弟媳们没有一个不说大嫂好的，说她既有学问，又没有架子，随和可亲。我的小侄子刚刚8岁，听到他大妈去世的噩耗，抱着张研春节送给他的毛绒玩具痛哭不已。

张研爱公婆。我父母是在山东离休的。每次我父母来京，她有时间就去看他们。每次去，都要给公婆买好吃的，比我想得都周到。她知道我父亲爱吃羊头肉，她去看我父亲，一定要买上羊头肉带去。2011年，我父母回山东，她趁公婆回山东的时间，把他们住的房子重新装修。考虑到我父亲行动不便，在我父亲床头和厕所都安装了扶手。我父母回来后非常感动。这是张研的爱啊！

张研的离去，我悲痛欲绝。我在家里的白布上含泪写道：爱妻张研，下辈子还愿与你同行。我不知是否有下辈子，此辈子已是我的大福了。呜呼！爱妻张研，再也见不到你的笑脸、你的真情！

张研对我的爱是大爱、深爱，不是卿卿我我、挂在口头上的爱。1972年，我们到了谈婚论嫁的年龄。车间送我去大专班学习，一去就要3年，1975年才毕业。毕业时，我们都是二十七八岁的人了。张研为了我学习，推迟了婚期，一定等我毕业。

1986年，工厂派我去深圳中港合资企业中航大记公司当厂长，去了不到两年的时间，张研三次去深圳看我。当时深圳还是特区，没有一个干部或职工家属三次去深圳探视过。

有一次，她去上海出差。为了去深圳看我，在火车上站了十几个小时到广州，后又乘两三个小时的汽车才到深圳的工厂。去前，她洗澡，换了衣服，她要以最好的状态见我。我不习惯深圳的气候，工作又累，每次见到她，我都特别高兴，觉得见到她才知道自己的存在。现在我在，她不在了，我有时真想随她而去呀。

我和张研聚少离多，1972 到 1975 年我上大专班，那时我经常出差，一去就是一两个月，光在沈阳就待了半年多。1977 年她上大学，后来又上了研究生，1984 年毕业，整整 7 年。1986 年我去深圳，1988 年回京，又是离别 2 年。每逢春节都是各回各的家，各找各的妈。2000 年，工厂让我继续回深圳，我拒绝了。2001 年，工厂又准备派我去厦门一个合资企业当厂长，我不想再去了，我不想离开家，离开北京，我再次婉拒。当时我是厂里空调公司的经理，因为没有去厦门工作，工厂一直没有给我安排工作，很多人劝我不如离开工厂去自己办公司。我有些心动，同时又感到矛盾和痛苦。我不满 16 岁进工厂，从一名普通工人，到调度计划车间主任，又去深圳当了厂长、空调公司的经理。26 年间，工厂培养了我，党培养了我，离开我曾经努力奋斗的地方，以后没有工资，没有医疗保障，我在工厂每月 137 元工资，当时也算多的了，实在舍不得离开。在家整整闷了 3 个月，有时候打扑克算命。张研了解我的痛苦和犹豫，体贴我，鼓励我说："你还年轻，还可以干很多事，只要你想干的事，我都支持你。"我说："办公司需要资金，办不好将来连饭都吃不上。"她鼓励我说，她还有工资，只要努力工作，一定能挣钱养活自己。当年我用我和张研的全部积蓄两万元投入到我想办的公司——北京航联空调技术开发公司。公司虽然办得不是太好，但有了我儿子去日本留学的费用，以及后来买房、买汽车的费用。一切置办齐全，衣食无忧。我们之后又有了儿子、儿媳和小孙女的幸福大家庭。儿媳嫁到我们谷家时，我告诉她，她到我们谷家，最大的幸福，就是遇到了一个好婆婆、一个难得的好婆婆。如今我妻已去，儿媳的婆婆已去，我悲痛欲绝！

张研爱我，迁就我，宠了我一辈子。她的离去，我非常不适应，不管是她家，还是我家的事情，只要她能干的她都自己去干。一些本该我干的事，她怕我累，也全部承担起来。结婚时，我们住在空军大院里，当时有个洗澡的小锅炉，需要用蜂窝煤自己烧。我们住在二楼，往楼上搬蜂窝煤的事情应该我来干，每次都是她跟我一起干。她用个背篓，我用木板，每次她都比我搬得多。在知春里住时，冬天买储存白菜，她不等我回家，就把百十斤的白菜自己搬到楼上，我们当时住在六楼。张研的能干是出了名的，同她接触过的人都知道。

长期以来，我对张研的依赖性特别强，家里生活上的事都由她负责。物业费、煤气费、水电费等一切都是她交纳。清洁用的洗头膏，洗澡、洗衣用的各种洗衣液都由她采购。张研对我的爱甚至宠，表现在方方面面。她知道我爱吸烟，每次出差，都给我买几条当地的烟。我的西服、内衣、内裤、衬衣绝大部分都是张研买的。她对我的关怀无微不至，为了我的事不遗余力。只要我喜欢，她就努力去办。我喜欢手表，她去日本讲学时，用微薄的补贴，给我买了手表。

我们认识之前，我很少过生日，我们认识之后，她每年都给我过生日，买生日蛋糕。当时，生日蛋糕不像现在哪儿都有卖的，只有中关村一个小门脸儿有蛋糕卖，她每次都去那儿买。后来生活条件好了，每年我过生日时她还特意给我买点小礼品。

但她自己的生日却不愿意过。她是农历八月十五中秋节的生日，她说她的生日大家都给她过了。我印象中她就过了一回最隆重的生日。那是她60岁时，她的学生给她过的。他们给她做了照片，送了一个小金老鼠，她非常高兴。她爱她的学生，每当有学生毕业，她都给学生送束鲜花，送鲜花已成规矩。学生毕业聚会，大家在一起吃饭，都是她付款。她说学生们还没工作，她应该出钱。她的去世，令我万念俱灰。

她喜欢家，热爱生活。厨房里有她采购的面包机，她说自己做面包好吃，没有添加剂。她给妈妈也买了一个面包机，并且教保姆如何做面包。家里还有她购买的自动面条机、电饼铛、电饭煲、炒菜锅，真是应有尽有。2003年，她到济南给国家跳水队的队员们上课。为了激励孩子们的学习热情，临近春节时她给孩子们买了毛绒玩具。当年是农历羊年，凡是答对题的同学，都奖给一个毛茸茸的小羊吉祥物，孩子们特别高兴。从此，春节她就给所有的人买当年的生肖玩具。今年是马年，她因病重无法亲自去买，特意让她的学生代买，然后送给别的学生、父母、公婆、兄弟、侄子，人人有份。我母亲和我岳父都是属马的，今年本命年，张研特意买了两个大一点的马送给二老。我8岁的小侄子拿着大妈送的毛绒马，每天抱着睡觉。

张研特别喜欢办公用具，笔、别针、夹子、裁纸刀摆满她的书桌。她爱各种小玩具，尤其喜欢老鼠，因为我们俩都属鼠。她喜欢猪，觉得猪憨态可掬。总之，我家书房的书架上除了书，就是各种小动物，毛绒的、瓷质的，摆得满满当当。我从没想到过她会在我之前去世，现在只要一睁眼，满脑子都是她！

每年春节，她都要买一些对联、吉祥物贴在家的大门上，买彩灯挂起来。她的笑声、她的感染力总给大家带来快乐。我妻已去，我的快乐不在了。

才 女

张研有才是我们家人公认的。“文化大革命”期间，我回老家时，曾和当地的赤脚医生学过针灸。后来我又看了平湖脉学，学了点把脉知识，知道浮、沉、迟、数、滑、涩脉的名词。我告诉张研后，她便看许多中医方面的书，后来比我把脉还准。此后，她经常给别人把把脉。

1976 年张研随我回老家时，村里有个亲戚发高烧，39 度还多，当地缺医少药，没有医院。张研给他把了把脉，让他吃了止疼片和安眠药。第二天，他的病居然好了。于是，村里凡是有点病的人都让张研给把脉，张研说她不是医生，但村里人仍然三番五次来请。

1992 年我在山东接了个空调工程，但当时我有其他的事，不能分身去开说明会。若不去的话，这个工程就“黄”了。张研决定替我去开说明会。这个工程说明会要向当地的领导和技术部门汇报，

张研夫妇

将施工方案、技术的先进性和可靠性加以说明。我把要点给她后，她独自去了山东齐鲁石化总公司的工程科。结果，我们居然拿到了这个空调工程。

张研会做一手好菜。“文化大革命”后，许多老同志开始相约到家里叙旧，吃开心饭，张研的父母家就是老战友经常聚会的地方。每次聚会前，张研都要提前去准备几个人甚至十几个人的饭菜。大多数都是自己完成，不让别人帮忙，有时为了一顿饭，经常准备很长时间。大家都称她手艺好。

张研的多才多艺还表现在家庭装修上。家里的装修从设计到选料，再到家具的摆放布置，她都一人完成。她总说：交给我，你们放心，不要干预我。她愿意把自己的想法变为现实，而且追求完美。家里的洗衣机就买了三个，有洗大件的，洗中件的，还有夏天专门洗小件的。我妻逝去，她的完美、我的完美不在了！

20 世纪 80 年代，电脑刚进入家庭，张研就攒钱买了台电脑，当时叫“286”。她积极向人请教，很快掌握了自然码输入法。从每天打几十字到后来每天打上万字。她写的书、论文和教材有上百万字。

闲暇时，张研爱看武侠小说。

张研整天都在忙。家里的事、单位的事、朋友的事，她忙里忙外，总是乐乐呵呵，毫无怨言。有时她要赶东西熬夜，怕我不高兴，就先陪我睡下，等我睡着了，她偷偷起来接着写。

因为忙，有时她把饭菜放到蒸锅之后，锅开了她也不知道，水烧干，有味了，她才发现。我们家好几个蒸锅不是底掉了，就是烧漏了。

张研大气、大方、大度，许多人说张研长得像个佛爷。她总是替别人着想，胸怀宽广。张研出手大方，为父母、为公婆、为家庭、为弟兄、为朋友们花钱从不吝惜。给自己买东西却总是选来选去，尽挑便宜的，舍不得为自己花钱。

我和张研从 21 岁认识到她去世，风风雨雨 40 多年。她爱我、关心我、体贴我、宠我，我依赖她、依靠她、信任她。她说她是大女人，经常“没头脑”，我是小男人，经常“不高兴”。我和她在一起，她的朋友越来越少，一是她忙，再就是她不愿意离开我、离开家。我的朋友也少，每天都是她在书房写东西，我在客厅看电视，几十年如一日。她病重时常说：民民，你就是我的命。我说，我们相依为命。如今她不在了。我睁眼闭眼、举手投足都是她，常常在梦中惊醒，发出悲哀的叫声。我知道人死不能复生，有时真想随她而去。

感谢朋友、学生在张研弥留之际对她的关照和帮助。

愿我妻走好。我们下辈子还做夫妻。

痛苦的思念

——忆爱妻张研的事

谷维民

按中国的习俗，今年是马年，明年就是羊年，每12年一轮回，上一个羊年是2004年。我的爱妻张研走了，离开人世，使丈夫失去了妻子，母亲失去了女儿，儿子失去了母亲，给三个家庭都带来无尽的悲伤。如今，她离开我们已经8个月了。240余个日日夜夜里，我除了思念还是思念，除了痛还是痛。理智告诉我们，人死不能复生，但不是所有的人都能感受到中年失去妻子、老年失去女儿、孩子失去母亲的痛苦。张研去世以后，我处在极度悲伤之中。我80多岁的父母让我回到他们身边，用他们的爱抚平我内心的创伤。7月份，我去了父母和弟弟身边，他们对我的关爱使我得到了短暂的安慰，尤其是母亲无微不至的爱使我感到温暖，更感到内疚。因为我患脑梗塞，左手不能屈伸，60多岁的人，有时候还让80多岁的老母亲给我洗脸、穿衣。10月份，我从山东回京，儿子来看我，问我在山东过得怎样。我告诉他，虽然我年纪大了，但在妈妈身边，妈妈还是把我当孩子似的经常给我洗脸、打洗脚水、按摩捏手。我的盾儿说："唉，我没妈了。"听到我儿的话，我一阵心酸，潸然泪下，从此不愿再在儿子面前提起我母亲对我百般呵护的事情。可怜的孩子，他承受了多么大的失去母亲的痛苦啊。我的岳母已经90岁高龄，每次和岳母见面时，我们两人总是不知不觉谈到她的女儿，我的妻子，和她对女儿的回忆、我对妻子的思念。我们都止不住流下悲伤的泪水。年长的岳母啊，她承受了多么大的丧失女儿的悲痛。我和张研共同生活了40多年，她的离去给我带来了巨大的痛苦，除了睡着想不起她，只要一睁眼就是她的身影，举手投足都是她，她的音容笑貌始终萦绕在我的脑海，挥之不去。我吃饭、看电视、睡觉，都能联想起她。吃饭时想起她爱吃什么、不爱吃什么；看电视时，想起她曾经对哪部电视剧有过评论、对某个演员有过评论；有时在路上看到老夫老妻散步，也能引起我对张研的思念。

张研高风亮节，坦坦荡荡，为人师表。记不得是哪一年，张研下班后回到家里，发现有两个新皮箱。当时我们还住在知春里，问家里的小保姆二豆是谁送来的。二豆说不认得，一男一女，说是张老师的学生。张研一时也想不起是谁。我们先把皮箱打开看看，每个箱子里装着一套崭新的床上被罩、床罩，里面还有发票，是在当代商城买的。每套价值7000余元。我当时很奇怪，为什么送礼还要带发票，难道是想让收礼的人知道礼物的价值吗？张研说送礼的人不知道收礼的人需要不需要，如果不需要，可凭发票去退货，兑现金。我们绝不能随便收受别人的东西。她让我带着两个皮箱到当代商城把东西退了，兑成现金，马上给人家汇回去。两个箱子挺重，我开着车，带着二豆到当代商城把东西退掉。张研又催促我，赶快把钱给人汇回去。过了一天，我把钱给人家汇了回去，并搭上邮费。张研总算心满意足，她说：心底无私天地宽。

张研的去世对我的打击无以言表。我失去过许多亲人，爷爷、奶奶、姥爷、姥姥、伯父、舅舅，甚至我的亲弟弟。他们都是我的亲人，但都没有妻子张研的离去使我感到痛苦。张研去世以后，很多人都安慰我，劝我注意身体，节哀顺变。当别人说起人总是要走的，活着的人要好好活下去时，我说得最多的一句话是："我知道，我知道。"我知道人死不能复生，感谢大家对我的关心爱护，但是对张研的思念，这些安慰都是苍白无力的。张研走后，我不愿见人，她去世的消息我也不愿告诉我曾经的同事和朋友。有时我的同事打电话，或偶尔见面，问起张研来，我都说挺好的，她始终活在我的心里，一直是好好的。我曾一直幻想过张研能突然有一天回到我身边，我们在一起过安静、和谐、幸福的日子。现在这种想法越来越淡了。张研说过："民民，你是我的命，为了你，我也要坚持活下去，能坚持一天是一天。"张研在的时候总是夸我聪明、睿智、幽默，如今她走了，也带走了我的聪明、睿智、幽默，留下的是一个躯壳、一个傻子。我时常心灰意冷，经常想不如烧成骨灰，和她共同埋在一起，了此一生。唉，张研的故去，使我感到无比孤独、寂寞，在我心中留下的是永远难以抚平的创伤。

恩师与《清史十五讲》

牛贯杰

《清史十五讲》的初稿写成已有11年了。合著者之一张研先生是中国人民大学清史研究所的教授。研究所只招收研究生，没有机会接触本科生。恰遇教改，历史系开始招收基地班本科生，她便给历史系的两届学生讲授中国古代史的清代部分。教学过程中，张研教授认为现有教学体系当中，清代历史被人为地以鸦片战争作分水岭，割裂成中国古代史与中国近代史两门课程，存在弊端。她后来有关19世纪中国社会的研究着力纠正清史“前后割裂”的研究状况，指出研究清前期“古代史”的学者不了解后段，研究清后期“近代史”的学者又不熟悉前段，很难整体上把握清朝历史的发展脉络。张研先生是我读博士期间的导师。当时我刚刚留校，本书于我而言，与其说是与她合作，倒不如说是我出徒的又一次训练。事实上也的确如此。本书编写过程中，从章节编排、内容选材，到行文风格，无一不是倾注了她30年来对清史研究的思考，也让我再有机会亲聆教诲。

今年仲春，张研恩师因癌症与世长辞，永远离开了我们。我和妻子都是她的学生。她对我们而言，不仅是学术上的领路人，更是我们一生最值得敬重的人。新中国成立以后，有人形象地比喻中国人生平有三件大事：入党、结婚和生儿育女。张研先生是我和妻子的入党主持人，主婚人，孩子出生后接受的第一份礼物也来自于她。张研先生刚去世时的那一段日子里，我和妻子如丧考妣，日子过得异常昏暗，总不能接受她离世的事实。

张研先生早年研治清代经济史，是“文革”后最早从社会学角度考量清代经济的学者之一。20世纪80年代中期，她在清代族田的研究中引入宗族、基层社会这些当时来说全新的研究视角，突破了传统经济史的研究范畴。90年代后，她将社会学研究中的结构功能主义引入史学研究，尝试对中国传统基层社会进行结构性解释。她把基层社会按照功能分为互相关联的三大社区，即政府主导的坊厢、里社、保甲系列法定社区，血缘纽带下的家庭、家族、宗族系列自然社区，以及市场主导的乡族、行业组织系列经济社区。这种结构性描述，于当时中国社会史研究领域和视域均极度匮乏的情形下，有助于廓清本来就错综复杂的基层社会的混乱认识，有力推进了本土的社会史研究。2000年以降，张研先生由基层社会内部结构转而思考其与国家政权的互动关系，提出宋代以降中国基层社会并未接受国家政权的直接统治，而是由地方政府与在籍的士绅阶层共同实行双重统治的论断，由此对于科举制的社会流动功能、帝国晚期的治乱循环、农民叛乱等重大问题均给予了颇具说服力的宏观阐释。张研先生一生勤勉，埋头于史学研究，著作等身，去世前几年先后纂辑近 3 亿字、2267 册的《民国史料丛刊》及《民国史料丛刊续编》。她的去世，是清史学界的重大损失。

每个时代，有其不同的学风和价值取向。张研先生读书和早年研究时期，是中国史学由通而专的过渡时代。她反复告诫我们，研治清史，不能不了解明史和民国史；研究某一专题，不能不把握政治、经济和文化的大背景。这本《清史十五讲》，既采用了通史的写法，以时间为轴，梳理清代历史的发展脉络，又结合了专题的写法，对于重大制度变迁、历史事件、历史人物做出细节化处理。

本书的出版，得到知书房出版社出版人谢俊龙先生的鼎力支持。他与张研先生于 20 世纪 80 年代相识，合作过不少项目。几乎每次谢先生从台湾来到北京，张研老师总是张罗大家一同吃饭。我也是在饭桌上慢慢与谢先生熟悉起来。想起幕幕往事，不禁伤神。好在薪尽火传，不知其尽。书中所写及写书之人都已远去，留给生者的，不仅是留恋与回忆，更多的是弥足珍贵的遗产与财富。

这本书，希望读者能够喜欢。

记张研学习二三事

陈 桦

我与张研大学同学 7 年。1978 年年初到 1982 年年初，在北京师范大学历史系本科学习 4 年。1982 年年初至 1984 年年底，在中国人民大学清史研究所读硕士学位 3 年。张研学习勤奋刻苦，重视理论，思想活跃，善于思考，不断进取，给大家留下深刻印象。

我们那届大学生是“文革”后恢复高考，首次通过全社会的公开公平考试正式录取入校的。毋庸置疑，恢复高考对中国社会的进步具有特殊的重要意义。考试是在 1977 年进行的，所以人们又称“文化大革命”后第一届大学生为“七七级”。由于高等院校的入学考试已经停废了 10 余年，社会上集聚了大批立志学习却求教无门的有为青年，高考的恢复，为他们提供了难得的机遇。于是来自四面八方，有着不同身份、不同学历、不同社会背景的青年学子汇聚一堂。也正因为如此，在“七七级”大学生身上，有着鲜明的时代印记。

我们北师大历史系七七级本科生班共有同学近 60 人。与以后的大学生们相比，我们班具有这样一些特点。第一，同学们基本都是北京生源，只有云南省特招生 4 人除外。这大概是因为 10 多年未高考，社会上积累下来的考生数量庞大，北京高校的任务主要是集中解决本地区的入学需求。第二，同学们的年龄参差不齐，甚至差异很大。我印象中，年龄最大者 31 岁，最小的仅 19 岁，刚刚高三毕业。不少年龄大的同学已经结婚成家，有的还生了孩子，成为“爸爸大学生”或“妈妈大学生”。我们班还出现了师生同堂的景象，一位中学的历史教师与他班上的学生，同时考入北师大历史系，成为大学的同学，一时传为佳话。第三，学历不同。由于年龄的不同，导致受教育程度各异。有完整地接受过“文革”前正规的高中或初中教育者，人们称之为“老高三”或“老初三”。也有因“文革”而被迫中断正规中学教育，被称为“老高一”“老高二”或“老初一”“老初二”者。这些同学，大都文化基础好，学习能力强。另外还有在“文革”中，经过“教育革命”洗礼的中学教育培养出的高中生、初中生。他们所受教育之内容及水平，与“文革”前无法相比。第四，来自社会各界。入学前，多数人是在工厂当工人，或在农村做新式农民，也就是在边疆或北京下乡插队的知青。另外还有中小学的教师、商店的售货员、机关的职员，等等，真可谓各行各业。唯独作为学生，从中学毕业，经过高考，直接进入大学学习者极少，我们班仅有 1 人，凤毛麟角。这与今天大学生的生源结构有着天壤之别。

张研在班里属齿序长者之列，为大姐级人物，与我们年龄相差 8 岁。“文革”前，就读于北师大附中，是所谓的“老高中”。张研的学习功底极扎实，文章写得漂亮，而且书写速度快，下笔成文。阅读古文的能力尤为突出，不仅一般的古汉语文字，即便晦涩难懂的先秦章句，也多无障碍，顺畅诵晓。古篇名句，诗词曲赋，时常朗朗上口，令我们诧异不已。理解能力强、善动脑筋是张研学习上的另一大优点。对于老师的课堂讲授，以及教科书的历史叙述，她从来都不盲从，而是认真反复思考琢磨，且往往能有独到的见解，或更加深刻的认识，不满足于人云亦云。更难能可贵的是，张研富有乐于助人的无私精神，特别是在学习上，经常帮助我们这些基础较弱的同学。以她的学识和见解，为大家释疑解惑。外语的选修，即是其中一例。

入学后不久，老师要求同学们自己选定外语课程。当时学校开设的外语课，可教授英语、日语、俄语，每位同学必须学习一门外语，但是具体到学习哪种语言，并非由老师确定。这让包括我在内的一部分同学犹豫不决。因为我们在中学时期学的是俄语，如放弃俄语，重新学习英语，不仅学习任务量增大，且与那些在中学就开始学习英语的同学相比，在外语学习方面，我们实际上就已经处于落后的境地了。不过如果继续学习俄语，虽然具备一定的基础，学习难度也有所降低，但俄语的使用范围相对较窄，不如英语实用。

正在犯难之际，张研找到了我们。那时我与张研被编在一个学习小组。印象中张研在中学好像也学的是俄语。她对我们讲，外语的选择，要与专业的学习相结合。英语固然很重要，但是就世界上对中国历史的研究而言，从目前所掌握的情况看（当时正值改革开放之初，国内学术界与国外的交往刚刚开始），日本学术界在这方面的成果非常多，水平也很高，始终重视汉学的研究。学习日语，对于我们所从事的中国史研究应该是很有助益的。另外，日语中有很多汉字，对于中国人来讲，即便是初学者，借助于字典，也能在很短的时间内开始阅读原文资料。张研的话，大家觉得很有道理。纠缠不清的问题终于解决了。我们决定学习日语。后来的事实证明，这样的选择是正确的。

“七七级”的大学生，虽然他们的年龄不同，文化程度不同，各自的经历也不同，但有一点是共同的、是一致的，那就是深知上大学的机会来之不易，都铆足了劲，拼命地学习。但是这里面就有了一个学习方法的问题。一些同学花大量的时间，对课堂笔记及教科书死记硬背，执着于历史发生的时间、地点、过程，以及一些名词、概念的解释。学习非常刻苦，也掌握了不少基础知识，但是对历史发展及其规律的认识，却较肤浅，效果并不理想。

张研与此不同，在认真学习基础知识的同时，更加重视理论的学习，掌握正确的理论，以分析和研究历史的发展。记得在大一时，系里开设了世界历史课。老师在讲授世界古代历史时，介绍了各地区社会发展道路的差异，尤其是东方与西方在社会形态和经济生产方式上的不同，讲到了马克思所阐述的反映东方社会特点的“亚细亚生产方式”。应该说，这是迄今为止人类历史发展过程中的一个最基本现象，也是历史研究者必须重视，并不断深入探究的重大历史问题。但是我们的许多同学对此却颇为漠视，或不感兴趣。张研则完全相反，敏锐地觉察到问题的重要，对不同生产方式问题表现出高度的热情。她找到我们几个同学进行讨论，提出疑问，相互启发，遇有分歧，争辩不已。这种学习方式很有效，大家的收获很大。同学们视野开阔了，对不同生产方式问题的认识也有所提高，并且开始懂得学习和掌握理论对于解读历史、研究历史的重要。

然而张研并不满足。她认为同学们的历史知识和研究能力毕竟有限，要想对问题理解得更加透彻，还必须再向老师请教，交换意见，深入探讨。于是她带领我们，找到任课的教师。老师非常热情，认真听我们每个同学陈述自己的认识和想法，并有针对性地做了进一步的讲解。经老师指点，原来一些困惑的问题，终于弄明白了。同学们高兴极了。

但是张研仍不满足。她在此基础上又提出了新的问题：为什么各地区的人类发展史有如此大的差异和不同呢？是什么原因造成了这种发展的不平衡呢？对此我们都没有想到。这的确是一个非常重要的问题，是要正确认识历史就必须回答而不能回避的问题。在张研的启发和引导下，我们的学习继续深入下去。查阅相关图书资料，撰写读书笔记，相互交流探讨。自然环境因素与人类社会发展之间的关系与影响，给我们留下了深刻的记忆。与此同时，给我们留下深刻印象的，还有张研在学习和研究学问上所表现出的那种孜孜不倦、锲而不舍、不畏艰辛、勤于探索、永无止境的可贵精神。大家都非常钦佩。这种精神一直贯穿于张研作为学生，后来作为学者的全部生活之中。

1982年年初，大学的学习结束。同学们各奔东西，许多人成为教师，也有的到机关工作，还有出国学习的。全班有十几个同学，经过激烈竞争，考上研究生，继续深造。我和张研有幸来到中国人民大学清史研究所学习，攻读硕士学位。应该特别说明和感激的是，在复习考试期间，张研给予了我极大的鼓励和无私的帮助。清史研究所是国内外研究清代历史的最著名的机构之一。这里名师云集，是当时各地学子景仰的圣地。

研究生期间的学习不同于本科，采取的是一对一的教授方式。张研的导师是李华先生。李老师专攻清代经济史，在学界很有影响。自然，张研也即随师从事经济史方面的学习和研究。其实在大学时，张研就已对经济史表现出了浓厚的兴趣。我记得她曾经讲过：经济基础决定上层建筑，要正确解读历史，就必须从社会经济入手。看来这是她重视经济史研究的最主要原因。来到清史研究所，可谓如鱼得水。严谨的学风、开放活跃的学术氛围、谆谆教诲的名师、可心的专业，对于张研而言，似乎没有比这再理想的学习环境了。

所有进入研究生阶段学习的同学都首先面临着同样一个问题，即硕士论文做什么题目。从某种程度上讲，这将决定未来 3 年，甚至一生的研究方向，十分重要。在这里，张研再一次显现出她学术研究上的睿智与敏感。当时正值我国改革开放之初，学术界并未彻底摆脱长期封闭的思想状态，历史研究仍或多或少地受到传统因素的影响和束缚。注重政治史、农民战争史研究，从革命的角度解读历史进程，仍是最正统和主流的学说。而张研通过阅读国外研究论文敏锐地发现，历史发展是多元的，应以多角度，用多元的视野进行考察和分析，而其中社会，特别是基层社会是非常重要的视角。

如果将经济史研究与社会史研究相结合，则一定会对我们关于清史的认识有所推进和突破。

经过查阅大量资料和反复思考，张研最终将硕士论文的题目确定为：清代的族田。李华老师对此高度评价。确实，这个选题具有学术前瞻性，视野开阔，方法新颖，就清代族田史研究本身而言，也不乏开创性。即便在今天，人们在谈到清代族田问题的时候，也多会述及张研当年的此项研究。

时间过得真快，学生生活已经是30年前的事了，但与张研共同学习的经历似乎就发生在昨天，令人无限畅想和怀念。

忆张研同学

黄爱平

我和张研、陈桦、王小荷、程为坤诸人，同为清史研究所的第三届硕士研究生，于1982年春入学。在我们这一届的同学中，张研年纪最长，社会阅历、工作经验也最为丰富，很自然地，就成了我们共同的大姐，无论大事小情，也不管是思想工作、学习安排，还是日常生活，甚至个人问题，都在她关心过问的范围之内。而我因为年龄较小，体质较弱，家又不在北京，由此也就得到了张研大姐和各位同学更多的关爱。

我们入学时，正值20世纪80年代初，中国社会尚处在改革开放的早期，国民经济还未发展起来，物资供应相当匮乏，许多东西都要凭票购买，学校食堂的饭菜质量也不好。每到周末，北京的同学都回家了，只有我一个人留在宿舍，实在吃够了食堂的大锅饭，就私下用一种名为“热得快”的简易热水器，煮袋方便面换换口味。看到这种情形，张研就经常从家里做些排骨、带鱼等好吃的带到学校，给我“打牙祭”。有时，张研还领着我们几个同学，从菜场买来大捆的菠菜，还有论堆撮的西红柿，菠菜用开水焯过之后，拌上盐、香油等调料，西红柿则直接当作水果，大家聚在一起，有说有笑，吃得格外香。记得有一次，张研从家里带来了红烧排骨，我没舍得一次吃完，便用碗扣着搁在桌上，刚煮过方便面的“热得快”也顺手搁在一边，就匆匆忙忙上课去了。没想到正赶上学生宿舍大检查，“热得快”和放在旁边的红烧排骨成了违禁用电的铁证，直接被收缴不算，还被学生宿舍管理科的老师一顿好训：你可真胆大，竟敢用“热得快”来烧排骨！你知道这有多危险吗？我既无法说清，又不能辩解，只有老老实实挨批的分儿。或许是看我态度好，或许是体谅当时学生的实际境况，后来，宿管科的老师还悄悄把“热得快”还给了我。

读硕士研究生那几年，我的身体状况特别不好，经常无缘无故地流鼻血，而且很难止住。记得一天晚上，不知因为什么，我又开始流鼻血，用凉水敷，用棉球堵，用手指头掐，什么办法都用上了，就是止不住。张研和王小荷都急了，连夜把我送到医院，又是打针，又是吃药，一直折腾到半夜，才算稳定下来。还有一件事，给我印象至深。那是一个初夏，我们这一届同学在老师带领下，前往承德避暑山庄进行教学参观。因为避暑山庄和清史所有协作关系，所以当地领导特别热情，专门派人领着我们各处观览，详尽地为我们介绍各个庙宇的历史文化。没想到，正当我和大家一起专心聆听讲解时，突然感到身体不适，只觉头晕恶心，天旋地转，一下子就什么都不知道了。迷迷糊糊中，只觉上下颠簸，耳边还不断有人大声跟我说话。等我完全清醒过来，已经躺在避暑山庄的医务室里，大家都围在我的身边，关切地问长问短，张研也站在一边，浑身像从水里捞出来似的，头发、衣服都是湿漉漉的。后来我才知道，当时张研一把背起虚脱的我，狂奔 20 分钟，用最快的速度赶到医务室，这才化险为夷。我深深感谢张研大姐，也常常会想，如果不是张研，真不知结果会怎样。

在学业方面，大家有什么问题和困难，张研也尽力帮助我们解决。记得在清史所那些年，每一届研究生都有外出访学实习的计划安排，一般为期一个月左右，大多由班主任或年轻老师带领，根据学生的研究领域和论文选题，到国内相关高校、科研机构，以及藏书单位，或拜访知名学者，或进行学术交流，或查阅研究资料。眼看我们这一届同学的外出访学实习计划就要确定了，大家都非常高兴，也满怀憧憬，期待着请教专家，开阔眼界，查阅资料，夯实基础。可是问题也来了，外出就需要花钱，而当时我们的研究生经费刚够吃饭，谁的手头都不宽裕，也不好意思向家里开口。看到这种情形，张研主动为我们从某家出版社联系了编排字典的工作。那段日子，每到课后或休息时间，我们几个同学就聚在一起，或编或写，或剪或贴，干得不亦乐乎。前后努力了足有一个多月，我们终于顺利地完成了任务，每个人也都得到了相应的报酬。正是因为有了这笔经费，我们五个同学，才根据所里的安排，兵分两路，高高兴兴地踏上了外出访学实习的旅程。我还记得，我们这一路由陈红老师带领，经由山东，先后到武汉、南京、杭州、宁波、上海等地，一路走来，不仅拜访了武汉大学的冯天瑜教授、南京大学的茅家琦教授、杭州大学的仓修良教授、华东师范大学的吴泽教授和陈旭麓教授等名师大家，获益良多，而且还参观了曲阜孔府、南京中山陵等名胜古迹，领略了泰安泰山、杭州西湖等自然风光。而对我帮助尤大的，则是在宁波天一阁的访书经历。当时，我正在探讨清修《明史》的有关问题，得知天一阁珍藏有一部《明史稿》孤本，我便利用此次访学的机会，专程前往查阅，在宁波整整待了10天。所搜集到的珍贵资料，对我后来厘清《明史》纂修过程中形成的各种稿本，实事求是地评价其主要人物万斯同的学术贡献，起到了重要作用。

在思想方面，张研作为我们这一届的研究生支部书记，对我们的思想进步尤为关心，她经常找我们谈心，帮助我们树立远大目标，坚定思想信念，敦促我们加强组织性、纪律性，在各方面严格要求自己。我还清楚地记得，我的入党申请，就是在她的鼓励下提出来的。在那段日子里，张研不仅受组织委托，做了我的联系人，成为我和党组织之间沟通的桥梁，而且以她的实际行动，为我们树立了一个共产党员的正面形象。让我们觉得，做一个共产党员，就应该像她那样，热情开朗，积极主动，乐于助人，无私奉献。正是在张研的热心帮助和真诚感召下，我刻苦学习，积极要求进步，努力向党组织靠拢，时刻以共产党员的标准来严格要求自己。终于，当我以优异的成绩和合格的学位论文顺利毕业并获得硕士学位时，我也如愿跨进了党组织的大门，成为一名光荣的中国共产党预备党员。而张研，正是我的入党介绍人之一。

可以说，硕士研究生阶段的学习和历练，为我后来进一步攻读博士学位乃至之后的教学工作和学术研究，都打下了坚实的基础。而正是在我人生中这极为重要的三年时间里，张研给予了我许多许多。如果没有张研大姐和各位同学的热诚关心和无私帮助，我是很难顺利完成学业并取得一定的成绩的。同学之间的这份深情厚谊、张研大姐的音容笑貌，我会永远铭记在心。

远行的张研

——记大学的点滴生活

孙燕京

一刹那，我的思绪回到36年前的3月3日。北师大中北楼212宿舍，已经报到完毕、分到宿舍准备入住的我们相互搭讪着。陈蔚微笑着收拾她靠近大门口的下铺。窗两边分列着两组学生宿舍最常见的木质高低床，左侧站着梳短发、头上一把鬈鬏的毛抗美，她跟师大有关系，来得早，占了下铺。师大子弟龚小庄铺好了左侧上铺。我进来时，右侧上下铺似乎都没人……小庄说，你到上铺吧，已经来了一个年龄很大的人，她取东西去了。过了一会儿，一个身穿蓝色旧军装，头发有些蓬乱，稀疏的卷发飞扬着，神情有些严肃的女生大步流星地走了进来——噢，她就是张研。在我们眼里（龚小庄、陈蔚、我都是21岁），她已经很大（是年29岁）。一时间，大家全把目光投向了她。龚小庄最能活跃气氛，爱说爱笑，她问了张研一些基本情况……说话间，张研突然说："糟了，×××找不着了，是不是没带啊？"只见她啪的一下子把书包里的东西统统倒在桌子上——宿舍唯一的一个大桌子，可以供我们集体使用。正当我们面面相觑时，她拔腿就走，说必须回家找去，留下身后那堆像小山包一样的杂物。小庄说，丢了怎么办，赶紧给她放进抽屉吧！于是大家手忙脚乱，把她的东西一股脑儿推进了抽屉。

第一次亮相的时间不超过10分钟，风风火火，这就是张研。

从那时起，我与她相识、相熟、相知，成了一生的知己。

我们是“文革”后第一批经过高考，重新回到学校的学生。1977年10月，传来恢复高考的消息，确定当年12月各省分头组织考试。于是1966至1978年往届、应届共计570多万名考生走进考场，最后录取了27万人，从此，我们像“黄埔一期生”一样，有了一个共同的、永远值得骄傲的名称——“七七级”。这个荣誉不是空的，你无论是开会、出差，还是学术交流，只要说你是“七七级”，立刻就能找到同道，找到素不相识的天然朋友，甚至得到帮助。“文革”后第一次高考，国家急需人才，因此高考变通为各省自己组织招生，学生一般是就近报考、就近入学。那时候对北京考生来讲，可选择的文科学校不多——北大不招中国史（只有世界史、中国古典文献）；人民大学解散十年，复校遥遥无期，根本不招生；师院似乎开放了各专业，但它毕竟低一个层级……在这种情况下，北师大成了报考历史专业的首选。于是，高等教育考试史上破天荒地出现了怪事——北京师范大学历史系平均分数远高于文理各系，成为第一。我们成了全校最骄傲的专业——体检合格后还有500名填过志愿的学生可以挑选——一共录取48名（后来，加了4名云南代培生；再后来又增加了10名走读生，实际上他们进来后全住校了）。第二年3月，我们入学了。

考入北师大后，大家相互询问，多数人是因为经历“文革”巨大创痛，立志思考中华民族的历史发展，想探究为什么。我也一样。但我们同班里的大同学不一样，起点过低，什么都得补。那时候，对“老高中”的人，我们小字辈几乎是“高山仰止”，张研是“老高三”的，自然在我们仰慕之列。加上她来学校的时间不太多（事后知道谷盾刚一岁多，离不开妈妈），所以不知道她报考北师大历史专业的真实动因。当然，那时候北大还不像现在这样“唯我独尊”，是很正常的高校之一。就历史专业而言，北师大的大师级人物并不比他们少。社会皆知道北师大的文史专业“好生了得”。所以，一群特别精彩的人从四面八方聚集到历史系来了。其中，最有个性的是我们宿舍的几位——两个知识分子家庭出身（龚小庄、毛抗美），两个干部家庭出身（陈蔚和我），张研是军人家庭出身，说话、行事、思想作风风格迥异。但都极其勤奋好学，争强好胜，甚至连打扫卫生，我们都非夺红旗不可。记得每次轮到我们组做值日，抢先冲进厕所刷马桶就是我们五人要打破脑袋的“大事”。宿舍搞卫生更不在话下，直接钻进床底下，把地板、床框擦得干干净净——四组女生由此在全班卓尔不群。

陈蔚和我走得很近。这不完全因为我们的背景相似，而是我们的学习“欠账太多”。号称高中毕业，尽管也是班里的优秀分子、好学生，但实际上没学多少文化，不是“停课闹革命”就是“复课闹革命”。那时候革命是生存方式，全社会都这样，很难说是不是“悲剧”。进入高校，我们傻了——上尹敬坊先生的古代文选课时，我们不会断句，不会标点。如果大家都不会，一起学，我们恐怕不会不安，但事情并非如此。在一个春寒料峭的日子，我从图书馆归来，推开宿舍门一看，张研裹着被子躺在床上，聚精会神地卧读未标点本《古文观止》。看我们进来，她坐起来，兴奋地抑扬顿挫地念起《唐雎不辱使命》，还拍着桌子慨叹道，精彩，太精彩了！张研是女附中毕业的，高三时已通过了高考，正等通知书，是“文革”爆发才终止了她直升大学之路。而我们，小学四年级开始“文革”，一路跌跌撞撞，号称高中毕业，而我们的高中与老三届简直不可同日而语！我们不会句读，她却可以直接诵读古文，看古文献，这是怎样的差距啊！于是，我们诚惶诚恐地发奋读书，不敢说追，只是争取早日缩小和张研的学习距离，成了一段时间夙夜在心的使命。

比不了智慧，比体育，比劳动。按说我们要小八九岁，干起活儿来当不在张研之下。谁知道又不行。那时候一年要去一次北师大的大兴黄村农场，那是学校的农业基地，种水稻，种麦子，养猪，似乎一应俱全。记得一次去劳动，张研恰好赶上身体不适，吃不下饭。我因为跟她是一组，记忆就格外清楚。整整一个星期，她几乎每顿只吃一勺饭，但是丝毫不减劳动量。女生挑土，陈蔚和我身体单薄，只能两个人抬一筐，而她一个人挑一担子，装得满满的，挑上肩便一路小跑……那情景至今令我感叹。就是那一次劳动，我知道了她的一个秘密，叫做“正负三两”（吃饱了，还可以再吃三两，而负三两则是一顿饭一口不吃）。

对张研的仰慕就是从那时候确立的。我暗下决心，一定要向她学习。因为思想接近，平时我们爱和张研在一起。有时候，我们会坐在操场上谈心。问她学习中的疑难，倾诉自己的思想困惑。有时候她会给我讲起徒步去延安的故事；讲起在女附中的操场上，脚踝绑着几公斤重的沙袋，沿着操场一圈一圈地跑，雄壮自己体魄；锻炼自己意志。她说，有时候甚至累得扑倒在地！

第一个小组、第一个宿舍仅仅保持了半年，就重新分组分宿舍了。跟张研在一起的日子随着宿舍组别的改变戛然而止。但迄今为止，这仍是我最难忘的宿舍、最难忘的同窗。每每想起大学生活，率先进入脑海的就是她。

回忆老师

赵 华

今天是2014年5月19日，最近几天天气一直没有彻底晴朗。这种阴霾的天气加上已经临近的期末，让人感觉时间在身边流逝得很快。38天前我去北京，是从张研老师门下毕业后第二次回北京，也是毕业后第一次回北京看望老师，但一路的思绪，以及预想见到老师后的心情都不是那么畅快。因为这一次，再没有机会聆听到老师的声音和教诲。现在时不时地还会想起9年前在老师身边学习、兼职工作的那些过往。今年5月初某日到杭州图书馆还书，看到书架上有老师的一本专著《清代社会经济史研究》（北京师范大学出版社2010年版），马上借了回来，在老师的结集论文中看到了老师学问生涯的更多细节和体会。回想自己3年的学习经历和6年的工作体会，再一次感觉到老师为学做人的踏实与勤奋。

当年入学之初，老师曾为我们一年级学生开了专业基础课，谈清代社会经济史问题。尽管2005年以后，上课的教室从现在的劳动人事学院所在的灰楼搬到了明德主楼，但每次上课前最先到教室的还是老师。尽管我们也一直觉得特别不好意思，但几乎每次都在老师之后才到达教室。学高为师、身正为范，不是一句口号，是老师做给我们的榜样。现在，我也在讲台上给学生上课。开课前提前到教室不仅是学校对教师的要求，也有多年前老师的言传身教。虽然老师面对的选课学生，包括我在内一般也只有 5 名，但老师上课的认真与专注丝毫不受影响。我想这也是优秀职业道德的体现吧。在老师的授课中，我听到了对中国历史上的“人”“丁”“口”等概念那些深入、细致和有趣的解读。还有中国“富不过三代”的民间说法又该怎么解释。老师在讲起分家问题时，让静默的文字说话，以众多的家族兴衰过程非常有意思地解读了这种说法。后来这也是我上课时谈到中国古代文明中使用的例子。

在老师眼里，任何问题都可以研究，而研究这些问题又都非常“好玩儿”。“好玩儿”是我头一次听到大学教授这样来形容学问和研究工作。不过，“好玩儿”其实是在深厚的知识积累基础上深入解读史料后，逐步揭开历史真相时的那种心情。老师在自己的论文集前言中特别朴实地道出了“好玩儿”的真意：“学史治史 30 余年，在清代社会经济史领域，我最终构筑了自己的诠释体系，这便是‘双重统治’与‘二元经济’。”

治史学与做学问若终成一家之言，那是相当有成就感的。多少年前，我只记得司马迁在《史记》中表述过这种观点。自己曾经看到过，听别人说起过多少次，但从来没有也不敢有过什么想法。老师在对家庭、宗族、乡族、婚姻、社会精英、人口、土地、社区、市镇等现象进行了相当深入的发现后，使历史有了很多“好玩儿”

的突破和诠释，最终形成了自己的体系与看法。如果没有丰厚的阅读与思考，以及对现实社会细致入微的观察与体会，那是不可能的。

追随老师左右学习三年，也是一个体会“好玩儿”的过程。这个过程的终点对于我而言是最终品评学习成效的博士论文。在老师的指导、严督与关心下，一个“好玩儿”的问题怎样被发现和怎样被深入解读，经历过好多次的挣扎。一些点滴体现在向“好玩儿”靠近的毕业答辩的文本当中。不足与遗憾还有不少，但这种“好玩儿”的思路给了我很多启发。今天当我上课的时候，或者写东西的时候，总会想想怎样从纷繁复杂的史料中发现一些“好玩儿”的问题，通过怎样的解读与表达，能让“好玩儿”的问题展示出它的魅力。貌似很有趣和很轻松的问题，经历怎样的一个起起伏伏无数次的研究和了解才最终显示出它的真相和吸引力，让我们觉得它就在我们身边，而且触手可得？交织在一起而且互相影响着的历史与现实，始终给我们提出各种各样的思考，你能发现怎样的“好玩儿”的问题呢？

“好玩儿”是在与老师交流的时候时常听到的众多词汇之一。“东东”也是一个常听老师用到的时髦词汇。最初听到老师说出这个词汇时，我感觉特别惊讶，老师如此年轻！老师是与时俱进的代表！语言上是如此，行动上更是如此！跟在老师身边，一直有很多最新的发现。“论文格式排版”很长时间都被包括我在内的很多人认为是开复印店、打印店的人的事儿，可老师的技术更专业。我也是在老师这儿才知道了很多使用电脑写论文的独门技能，而熟悉这个技能并应用到自己写的论文上，是论文入老师法眼的第一步。干净、高效也可以用来形容做论文、做学问！认真、负责、忘我、投入是在老师身边的又一种体会。

热爱生活、热爱事业，因此而感染了身边众多的学生、亲友、同事们。多少年前老师就是带着这些特质拥抱了生活。多少年后，每当想起老师的时候，我们总会想起老师留给我们的这些丰厚的财富。

认真做事，踏实做人，永远怀念老师！

从师一句，受惠一生

——2014端午节追忆恩师张研教授

赵崔莉

中国人民大学清史研究所张研老师是我的博士生导师，是我的恩师。在她仙逝的这段日子里，我仍然无法相信这一事实——这位活力四射、充满热情的“学界侠女”永远离开了我们。唯以此文，追忆那段从师的日子，以缅怀恩师。

从师缘起

2012年3月，北京的一个暮春，我和其他3位安徽师范大学的同学坐了一夜的火车，从江南芜湖小城来到敬仰已久的中国人民大学，参加即将进行的博士生入学考试。那时我的心情十分忐忑，北京是祖国的心脏，人大是我敬仰的名校，张研老师是我仰慕已久的学术名师，而这一切都近在咫尺。我先与北大的同学古丽娅住在一起，考试期间和同伴入住在研二楼。我斗胆拨通张老师家中的电话，生平第一次听到张老师的声音，京腔京韵，掷地有声，富有穿透力。电话里，张老师鼓励我好好发挥，嘱咐我答题思路要清晰。听了张老师的话，我给自己壮了壮胆，努力平复紧张的情绪，参加了考试，在考场中还见到了后来成为同学的孙冰和段自成两位。

考试完毕，气温上升很快，北京街头已经有人穿吊带装，我感叹南方还是杏花江南烟雨，冷气逼人、春寒料峭，北京的天气就像北方的人那么热情、直率。北京的一切都在我的关注中，尤其是考试后的复试。我早早来到科研楼，身上穿着一件临时在四通桥边上的市场里买的浅灰色的斜格子衬衫，在楼道遇见了沉稳、说话极慢的孙冰。我知道他报考的也是张研老师，两人攀谈了几句。过了一会儿，张研老师挽着发髻，身着曳地长裙，披着一块大披肩，风风火火地出现了。面试中，我端详着张研老师，她是极其靓丽而落落大方，我心中既佩服又紧张。张老师面带微笑，说话极爽快麻利，询问我一些事情。我尽量在回答问题前快速地理清头绪，并流畅地表达出来。（入校以后，张老师责问我为什么表达挺流利的，文章写得却思绪混乱，语言不清）我又把刚刚发表在《安徽史学》上的那篇文章《徽商妇的琵琶行》呈给面试的老师，还谈到了徽州女祠的话题，刘凤云老师善意地提醒我以后写文章不能这么平。张老师则没有提出太多的批评意见，可能是关爱和提携吧。

张研老师同年录取了我和孙冰两位博士生。对我而言，意义尤其重大，到人大这样的学术殿堂深造，是我多年的夙愿；而且我的另一半刘新卫已经顺利考取中科院北京地理科学与资源环境研究所，如果我考试失利，对个人生活也会带来诸多的麻烦；另外我也对不起爸妈寄予的厚望，更有负我的硕士生导师王世华老师的力荐。而诸多的难题都在张研老师把我招进师门后化为乌有。多年以来，我的爸妈一直嘱托我要永远感谢张研老师的恩情。是啊，张老师改变了我的一生，让它沿着相对顺利的捷径发展。后来一次偶然的机会，师叔陈桦谈到当年的录取会议时，做了个又拉又揽的手势，说张研老师特别坚决地把我和孙冰都收入她的师门。没有张研老师的录取，我的人生指不定还要生出多少波折和磨难呢！

三年的耳提面命

2012年8月底，我和爱人刘新卫双双奔赴北京进行博士生的攻读，人生新的一章掀开了。中科院地理科学与资源环境研究所开学早，我就先在他师姐的宿舍里小住了几天。一天早上七点来钟，我给张研老师打电话，先是谷叔叔接的，然后张老师接的电话。我报告了已经来京的消息，我的从师生涯真正开始了。

入学以来，张老师特别注意召开师门大会，比如选题的讨论、读书报告会、学术前沿动态的讨论，并介绍自己和各位师兄师姐的研究方向和动态，向我们介绍各位师兄师姐的成就。我入校第一年，牛贯杰师兄已经留在人大清史所工作，毛立平师姐毕业在即，上面还有谢宏维师兄、李强师兄和陶继波师兄。张老师是个核心，凝聚了我们师门的情谊，这是非常宝贵的。张老师特别器重我的大师兄和大师姐，每每对他们的成绩赞不绝口，也为我们树立光辉的示范和楷模形象，让我们有了学习的榜样。在我的博士论文的选题上，张老师建议我选清代安徽圩田方面的，同时我考虑到爱人刘新卫是学习土地管理方面的，以后可以多一些交流和合作，就听从张老师的建议。但是圩田这个领域我完全陌生，因为我以前主要关注明代女性方面的研究，可以说重起炉灶另开张，没有张研老师的鼓励、支持和指导，我又如何能完成这个领域的研究呢？张研老师指挥我去国家图书馆及其分馆，去历史档案馆查找资料。她把自己到地方图书馆查资料的情景讲给我们听，让我们不要怕吃苦。在我撰写圩田方面的第一篇论文即圩田史的研究综述时，起初极不理想，张老师亲自斧正，使文章陡然提升了很高的层次，最后获得期刊发表，我也从中对撰写学术论文有了深刻的领悟。我毕业以后，出版专著《清代皖江圩区社会经济透视》，还恳请张老师代为作序。张老师特别高兴，欣然提笔，一篇洋洋洒洒的序文使我的专著增色不少。我要给张老师一些稿酬，毕竟也有课题资助，但张研老师拒绝了，说这是应该的，不需要报酬。这一婉拒饱含了导师对学生的深情厚意。

每每元旦在即，张研老师总是慷慨解囊，聚餐一次。毕业的时候，我们又能聚餐；教师节的时候又适逢张老师的生日，有时候也聚会。聚餐真是很开心，席间大家笑语欢言，非常畅快。而张老师总是适时地在饭桌上询问大家的学术进展，甚至还指导和交流论文的进展。张老师闲暇不忘工作，娱乐不忘教学。元旦聚会，张老师还会送给我们生肖礼物。这一次次的聚会就是一串项链，串起了许多温馨美丽的记忆，就像张老师送我的结婚礼物——珍珠项链。（2013 年国庆节，我回老家办婚礼，张老师还特意送给我一个红色的盒子，我打开一看，是一条美丽的珍珠项链，真是让我非常地感动）2012 年年底在学校餐厅聚餐，张老师送我们的是黄色的猴子，一打开开关，顽皮的猴子就吹起口哨，餐桌顿时生动起来，大家都很开心。张老师还公布一个喜讯：毛师姐已经有孕在身，怀着个猴宝宝呢，嘻嘻，就是后来的申宝——牛牧之。2013 年的元旦前聚会是在牛师兄和毛师姐的回龙观的新居。我们是乘坐 13 号线城铁去的，我当时第一次坐 13 号线城铁，车上人很少，我也很好奇地打量车窗外的景色。（没有想到我以后的家就在西二旗和龙泽的中间，而且工作的单位对外经济贸易大学就在 13 号线芍药居站附近）到了牛师兄和毛师姐的新家，家里挂满了各种鸡的吉祥物，特别有节日的氛围。没想到这原来是张老师给大家准备的新年礼物。席上，张老师幽默地说起“毛牛比牛毛好听”的典故。

读博士期间的一个冬季，我带着爱人刘新卫去看望张研老师。在张老师的家里，她热情地接待我们，她笑着说刘新卫长得一看就是典型的南方人，和一位安徽籍的硕士生颇有几分神似。张老师还给我们冲泡了咖啡，由于没有放糖，我和爱人都浅尝辄止。张老师见状，爽快地大笑道：“我忘记给你们放糖了。”从此，我养成了冬季喝咖啡的习惯。知道了张老师爱喝咖啡，我后来几次购买咖啡作为新年礼物送给张老师，现在想想可能张老师对咖啡情有独钟，也可能是工作繁忙，喝咖啡有助于提神吧。夏天去张老师家里，她就让保姆豆豆从冰箱中倒一杯冰镇的可乐解暑。有一次，在张老师的家里，我还遇到了下班的谷叔叔，这是为数不多的几次见面之一。这温馨的一幕幕，不禁让我想起以前去硕士生导师王世华老师家中上课，王老师总是给我和同门李卿沏上一杯茶，在茶香中交流，培养了我饮茶的兴趣。两位导师对我情深意重，真是爱生如子，让我走上讲坛后，也善待我的学生！

张老师在我博士即将毕业找工作方面也帮助很大。为了学生的工作去向，张老师不惜动用她的人脉，介绍我去了很多她友人的单位面试，张老师甚至还介绍我去钱蓉师姐那里试一试呢，真是不遗余力。当然钱蓉师姐也是热心地接待我。每每在张老师的朋友那里，都能听到对张老师的赞誉，并感到张老师的威望很大。张老师向老朋友荣真教授力荐，再加上我试讲也比较成功，最终被对外经济贸易大学顺利录用。

毕业答辩是博士求学生涯中难忘的一幕，答辩会上某位评审教授出于关爱对我比较严厉，有一些直言，让我当时承受着较大的心理压力。聚餐后，我和张老师在郭林烤鸭店前进行交流时，谈及此事，再加上马上要离开生活和学习三年的人大校园和张老师，百感交集，我不禁在张老师面前抹起了眼泪。张老师热情地鼓励我，并要我自强，首先内心要很强大，同时在学术上敢于坚持自我，并嘱咐我工作注意事项，先要立得住讲坛，再考虑个人要孩子等问题。这对我很有启发。

2005 年后的后从师时代

2005 年夏季，我踏上了工作岗位，开始了新课程“清史专题”的准备，把张研老师的《清史十五讲》作为指定教材。张老师听说后提供了不少上课的新思路。2006 年 12 月 21 日中午我去张老师的家中探望卧床的张老师，张老师不幸摔伤在家养病，她仍然坚持在病床上使用电脑工作。在张老师的家里，我接到妈妈从安徽淮北老家打来的电话，我的妹妹当日早晨在合肥生下了宝贝儿子。张老师特别欣喜，并催促我去聚餐吃饭。因为下午单位有会，我就多陪了一会儿张老师，没有参加聚餐。张老师还不忘介绍刘朝晖师妹的《中国近现代史纲要》让学生做课件展示的有趣办法，对我的教学很有启发。临走时，还让其准儿媳连晶晶打印了求职书，让我带到对外经济贸易大学的英语学院。我欣然领命，从中也得知连晶晶的出色和优秀，真为张老师高兴啊！

张老师的儿子谷盾的婚礼特别隆重，我当时参加了迎娶的队伍，分享和见证了一对新人，以及张老师和谷叔叔的喜悦。张老师穿着黑色的晚礼服，挂着一串长长的珍珠项链，发髻挽起，特别高贵、特别隆重。爱子谷盾的完婚让张老师非常欣慰。席上还打印了我爱人刘新卫的名单，我回去后给爱人讲述了这一细节，他对张老师的细心安排也特别感动。2011 年我生产在即，我和爱人驱车去张老师家里，送给她一套《中国国家地理》作为新年的礼物，弥补没有参加新年聚会的遗憾。张老师笑着对刘新卫说：“还是那么年轻，都要做爸爸了。”

2011 年的圣诞节前后，我们师门在天外天烤鸭店聚会。我就坐在张老师的身边。张老师自己介绍了研究近况，然后让大家逐一介绍。我把儿子刘逸成的百日照片拿给张老师看，张老师特别高兴，以致以后她在病中，总是以我“工作忙，孩子小”来推托我的探视。

张老师总是太为别人考虑。席间，我也看了谷盾的爱女谷怡辰的视频，真是个可爱的小女孩。后来我想到“怡辰”和我儿子“逸成”的名字还是谐音呢，不谋而合，真是师门的缘分！（以前在一次聚会时，我们笑谈谷盾受业最早，还是我们当之无愧的大师兄呢）

此后，我接到了安徽当涂一位副县长的邀请，去当涂官圩考察，他们准备把大官圩和大青山联合起来申请世界文化遗产保护，让我去做进一步的论证。我打电话给王世华老师和张研老师，王老师说一定邀请张研老师同往，她是研究清代安徽基层社会的专家，另外她这方面的经验丰富，并请我们考察当涂后一定去芜湖安徽师范大学，请张老师去讲学。后来我多次打电话给张老师，张老师也很欣喜，提出很多宝贵的建议，希望能够推波助澜，促成这一盛事。但后来由于我照顾幼子的任务繁重，最终没有成行。

2013 年 9 月教师节前夕，我打电话给张老师，发觉她的语气有些低沉。匆匆几句话，我也没有往别处想。11 月份，我给张老师打电话，发觉她的语气更加低沉，张老师只说谷叔叔患病，现在康复训练中。我问：“是您照顾谷叔吗？”张老师说：“我自己身体也不太好，照顾不了他。”我当即说去看望她和谷叔叔，张老师说：“你工作忙，孩子又小，别来了，我也经常回父母那边。”我马上就联系毛师姐，建议年底聚会一次让张老师高兴一下。毛师姐哽咽地告诉我张老师身患绝症，正忍受病痛的折磨。我不太敢相信这个消息了，张老师总是那么风风火火，干劲十足，体质又好，曾经运动会上掷铁饼屡屡获奖，一次聚会时唱《大海啊故乡》底气十足，那么健康的女强人怎么可能身患重疾呢？太意外了，这对我的打击真的很大，让我对事业的追求和健康的保持有了更多的反思。人生无常。后来，我总觉得张老师能扛过这一关，但最终她匆匆地离开了我们。没有能够在病榻前服侍她，也成为我终身的遗憾！在送别张老师的最后一刻，我跪倒在恩师的灵前，爱人刘新卫也亲自送别。我们心中都在不停地追问：恩师对我们情深意重，大恩大德何以能报？

人间少一好人，天上多一天使，最后祝福张研老师冥福！希望自己在成功道路上越行越远，以告慰张研老师的在天之灵！

忆恩师张研先生

刘朝辉

有人说，时间会冲淡思念。但是，我发现，有一种思念，随着时间的推移，却益发强烈、深刻，妈妈如此，恩师亦是如此。因此，我写下这篇小文，追忆我的恩师张研先生。

与先生结缘要感谢师爷李华先生。那是 2002 年，我还是内蒙古大学的硕士生，因为支援边疆的协议，有机会到中国人民大学清史研究所研修一年。在清史所张自忠路段祺瑞执政府的资料室，我遇见了李华先生，一位和蔼亲切的老人。谈话中，先生听闻我要考清史所的博士，就告诉我说，他有一个学生，叫张研，人好，学问也好，非常刻苦，我可以报考她的博士。听着先生的话，我在想，这是一个让老师很骄傲的学生啊。

2003 年，我如愿考上了清史所的博士生，真的成了张研先生的学生，从此追随了先生 11 年。现在每每回想起来，先生的身影还总会在眼前浮现。

先生的身影，略胖，头发卷曲，略少，在脑后扎成一个髻，常年穿着各种各样的裙子。先生的身影是温暖的、令人踏实的。攻读博士，需要确定毕业论文题目，那段时间的我焦虑、迷茫。一次晚上下课后，我去找先生，讨论毕业论文的事情，说起了某本书，先生立刻收拾讲稿，带着我大步流星地去图书馆查找。那是冬天的晚上，先生走在前面，望着她的背影，我心中不由得安定许多。这个画面深深地印在我的脑海里，在博士论文后记中、在我的专著出版后记中，我都记录下了这一幕。先生对于学生的教导和鼓励，也成为我今天为人师之表率。

先生的身影，最多的是出现在电脑前。据说，先生是历史学院第一个掌握并且熟练运用电脑的人，当时还是“386”的年代，很多人都不知道电脑为何物，很多人都不会开关机……当先生遇到电脑，却如鱼得水。先生戏称，她对电脑 word 的熟练掌握，已经胜过了 word 的“帮助”功能。先生自己摸索出目录、索引、主控文档等的做法，全部毫无保留地教给了我们这些学生，毕业论文撰写完后，我又不争气地把这些忘在脑后，以至于若干年后，还得重新跟先生学。我亦不由得感慨，有个勤劳、刻苦的先生，必然会有懒惰、健忘、依赖感强的学生啊。即使在腰疼生病卧床休养的时候，有了电脑的先生，竟然还完成了她的著作《1908 年帝国往事》。先生热衷于新鲜事物，当网络购物兴起的时候，先生家中平添了很多东西。每当先生展示新事物的时候，她常常笑眼弯弯，甜甜地、得意地问上一句：“好玩吧？”现在回想起来，梁启超先生提倡“趣味主义”，我们的先生何尝不是趣味向学、趣味生活呢？

先生的身影，还有很多时候是伴随电动车一起出现的。先生喜欢骑电动车，风驰电掣的，很多次说要载我，我胆子小，不敢坐，所以只坐过一次，倒也没有想象中的那么可怕。先生骑电动车的身影总是潇洒的。那是一年清史所所庆，还未开始，我和很多老师、同学在逸夫会议中心前站着聊天，先生骑着电动车呼地驶来，嘎的一下停在我们面前，所有的人立刻不约而同地鼓起掌来。先生奇怪地问我们，为什么鼓掌。看到这么潇洒、时尚的先生，喝彩是一种本能吧。

忆恩师

毛立平

第一次见到张老师大约在2000年年初。那时的我面临硕士即将毕业、工作尚无门路的窘境，无奈间牛贯杰联系了自己的导师，求她收留我做博士生。电话里张老师爽快应允我报考，如此就有了接下来的见面。

记得是在研究生楼一层的一个教室里，张老师在里面上课，我们在外面等候。教室里传来了清脆的声音，我疑惑："张老师很年轻啊？"牛贯杰笑着说："张老师声音很年轻！"不一会儿下课了，我有些紧张地进入教室坐下，张老师大概问了问我的情况，就话题一转说："文笔好吗？当我的学生必须文笔好！"我不知该怎样回答，牛贯杰说："信写得很有文采。"老师爽朗地笑起来："哦，会写情书啊！"我们也笑，气氛一下子活跃起来。那时的老师刚刚五十出头，虽然体态较胖，但活力、精力超群，学术上也正值盛期。我们从那个时候起跟随了老师，从此一起度过了彼此人生中很美好的十余年时光。

我入学后不久，就碰到所里承办"炎黄会"，张老师负责会务工作，我们这些学生给她“打下手”，那是我第一次领略老师的能干。百余人的大会，各方名流汇集，张老师从餐饮茶点到会议纪念品，从报到住宿到全程引导，从开会分组到学术总结，全都布置得井井有条、丝毫不差，赢得与会学者高度赞赏。当然，这其中与我们这些学生在她领导下的高强度工作也分不开。印象最深的是，一次我们为会务工作到很晚，当事情终于妥当、大家筋疲力尽的时候，张老师说：“终于做完了，接下来我们可以休闲一下！大家想玩点什么呢？”所有人都面面相觑，大家都只想睡觉啦！尽管辛苦，那次会议给我们留下很美好的回忆：见到很多国际知名学者，聆听他们的发言并与他们合影；住四星级高档酒店（很多学生包括我都是第一次住豪华酒店）；首次参与国际学术研讨会的组织工作还领到一小笔的劳务费。本来会务预算几十万元，张老师只用了十几万元就办下来，而且办得如此精彩，不禁让其他人感叹：张研办完会后，没人再能办会了！

我本科是英语专业，硕士转学秦汉史，博士又学清史，可以说没有什么扎实的史学基础。入学后张老师为我选择了清代婚姻家庭研究的题目，因为这一领域当时方兴未艾，容易出成果。这也奠定了我此后十几年来一直研究清代婚姻、家庭、女性问题的基本方向。记得 2001 年 4 月，张老师带我们去安徽考察一个月，从皖北到皖南，我们沿途走访图书馆、博物馆，查阅相关资料，老师教我们如何搜寻、查阅地方史料，如何将实践考察与文字研究结合起来，我获益良多，也确定了博士论文的地域范围和资料基础。查阅资料的同时，我们也走访风土民情，游览安徽美景，张老师还到各高校讲演。现在回忆起来，那仍是我生命中最美好的时光之一。我们在黄山顶峰给家人打电话、在徽州古村落里淘宝贝，张老师在安庆临江塔上赠牛贯杰手表，一幕一幕仿佛就在昨天。那次考察中，我们跟老师也相互了解更多，更加亲密了。

在专业学习上，张老师对我可谓手把手地传授，逐步引导我进入清史研究领域。记得我为博士论文搜集完二手资料后，就写了一个研究综述，老师看后让我坐在她旁边，在电脑上逐字逐句地修改，教我如何通顺语句、如何处理段落间的逻辑关系、如何进行专业写作。如今我每每让自己的学生坐在身边，给他们修改文章，都是学着当年老师的模样。张老师还带着我们去图书馆查资料，记得那次翻阅地方志，读到一则故事：一位书生进京赶考，途中无处住宿就歇于庙中。夜里来了一只猛虎，书生大惊，但猛虎将虎皮一脱，变为一美貌女子，书生遂与之结为伉俪。一年后，书生金榜题名，携妻带子回归故乡，途中故地重游，决定再回庙中看看，发现当年脱下的虎皮尚在供桌之下，谁知女子又穿上虎皮变回老虎，吃掉孩子，跑回山林。张老师说这是一则很好的史料。我疑惑万分："这只是一个神话故事，怎么能做史料用呢？"张老师说："地方志都是当地知识分子编写的，他们把这则故事写入方志一定有其目的，意在教育百姓们未经正式婚姻程序的野合可能辉煌一时，但最终不会有好的结果。"我当时的惊讶与佩服之情难以言表，也深刻理解了如何看待地方文献中记载的各类史料，直至今天还常拿这个例子教育学生如何从不同的角度看待史料。

张老师不仅要我们写论文，还要我们一起参与她的各类项目。记得那时我们为《中华大典》一起日夜奋战，共同参与中学历史课本的写作，参与清史工程的项目，这些工作让我接触到很多一流的历史学者，也拓宽了自己的知识面和史学研究的视野，还为我们艰苦的学生生涯增添了一些收入。那几年，我们几乎天天跟老师在一起，一起做项目、一起写文章、一起参与各类活动。所里同事打趣说，我俩是张老师的内弟子。

2003 年，我顺利通过博士论文答辩，并有幸留在清史研究所工作，和老师成为同事。但这时的我学术并未独立，很多研究仍倚仗老师支持和指点，甚至生活上的许多问题也都靠老师帮助。我结婚、生子，张老师都到我家乡去祝贺、看望，平时在北京遇到困难和情绪上的低谷都是找老师倾诉。记得几年前我和爱人吵架，一怒之下“离家出走”，张老师知道后把我叫到她家，又把牛贯杰找来，跟谷叔叔一起劝说我到深夜。当时我真觉得，除了父母，世间很难再有像他们这样关心我的人。我曾对张老师说，你们就是我在北京的亲人。的确如此，十多年的相处，已经让我们彼此有了亲人的感情。老师病后总说：“毛（立平）要经常来，让我多看看你。”

老师离开后，我和牛贯杰多次唏嘘不已，很难相信那个身体强壮、精力超群、特别能吃苦、特别能战斗、爱伸着舌头做鬼脸的“老太太”真的离开了我们。我常常睹物思人，回想老师生前的一幕幕，也开始对人生有了新的思考，希望在生活、学术和健康之间找到更好的平衡。希望老师在另一个世界里平和安详，无须再匆忙追赶，无须再汗流浃背，无须再疼痛。

忆圆圆

沈小敏

圆圆是我小学六年的同班同学，也是我初中同校同学。虽然她后来改了个很学究的名字叫张研，但我们还是喜欢叫她圆圆。小时候她告诉我们她是农历八月十五生的，脸又圆，所以起名叫圆圆。

我第一次见圆圆是没上学之前，她妈妈带她到仓夹道我家住的院子里玩。她脸圆圆的，脸上总是带着灿烂的笑容，梳着两条细细的卷曲的小辫。后来上学时我发现除了幼儿园认识的小朋友外，我还认识一个人，就是圆圆。

圆圆从小就很出色，老师很快就选她做了班干部。她学习很好，尤其是作文写得好，老师经常把她的作文当作范文念给大家听，以至于她在初中毕业后早早地定了自己的方向，考了师大二附中文科班。

圆圆是全面发展的。她开朗活泼，在文娱体育方面也很棒。她有很清脆的甜甜的嗓音，在小学就独唱过《听妈妈讲那过去的事情》，几十年后每次有她参加的同学聚会总能听到她的这首歌，声音还是那样清脆、甜美。小学的课外小组合唱队、舞蹈组、技巧队都有她的身影。在五六年级时我们班的表演唱《光荣的八大员》《新疆亚克西》等，她都是骨干，上初中后她和其他班的同学王明珍表演唱《父女逛新城》，她唱父亲。红五月歌咏比赛她组织他们班唱的是叶挺的《囚歌》，还得了奖。她是学校田径队的，学校运动会上她的铅球和标枪都是强项。

老师都很喜欢圆圆，但她不是温顺的乖乖女，她很有自己的主意。小学我们住校，由班主任和生活老师管我们，但三十几个孩子总有老师看不到的时候，她就会干些“出格”的事。

有一次圆圆得意地告诉我们，她趁午睡时老师没注意，跑到校园里翻墙到隔壁十一小学找她姐姐去了。可见她对家庭和亲人的依恋有多深。

我国实行第一个五年计划时，国家鼓励少先队制定自己的小五年计划。我们响应号召，在校园里种树，在校园后面的荒地上种了很多油料作物——向日葵和蓖麻。蓖麻成熟的时候，不知谁说蓖麻籽能吃，于是我们都去吃蓖麻籽，同学们都只是尝一两颗，圆圆吃了很多，于是第二天她没来上课，据说是吐了，从那之后我们才知道蓖麻有毒。

记得刚上一年级的时候，三年级（育鹏小学永定路分校只有三个年级）一个叫魏士杰的男生称霸，要我们一年级新生“臣服”于他。圆圆和班上另一个男生（忘记是谁了）带着全班同学，在课间把桌椅都推到窗边，和三年级的男生打起群架来，之后老师怎样处罚的我已经记不得了，但是圆圆的要强、倔强、不服输，一直使她无论在哪儿都是最优秀的！

小学六年级的时候，我跟圆圆一起做过一件打抱不平的“大事”。我们是高年级生了，课间操场做游戏时，注意到学校的一个年轻工友时不时对低年级的小学妹触摸，行为很不正常。圆圆说，我们去校领导办公室反映一下。在我们俩举报以后不到两个月，那个工友就被派出所带走了。我们不知道，我们是不是第一个举报的，但是我们做了一件好事、一件勇敢的事。

圆圆因为对很多事都比较认真，有时会让人觉得她不苟言笑。但是，有那么两件事她流露出的真性情给我留下了很深的印象。

小学时，我们每周六下午回家，周日下午就返校了。一星期里能见到爸爸妈妈就只有那么24小时，如果爸爸妈妈再出差开会啥的，那就连这24小时也没了。忘了是几年级的事。大概是星期一，小姑娘们聊天，圆圆笑着跟我说：“我爸爸特逗，昨天我们家吃饼，他爱吃饼，就一连气地说（学着她爸爸的口音）：‘吃饼，吃饼，吃——大——饼！’”在难得见到父亲的日子里，父亲的一言一笑都会让圆圆记住。

另一件事，则是在圆圆生了儿子以后。我没想到，她会是那么兴奋，那么津津有味地讲述那个小婴儿：他的小脸、小脑袋有多可爱，他的小手小脚动得多有趣……圆圆对儿子的感情流露得那么真挚！我不记得她具体怎么说的，但记得她的表情和动作，就是让人感觉到，她好爱她的儿子！

圆圆，我永远记得你的音容笑貌！

忆圆圆二三事

钟小平

一晃，与圆圆最后一次见面已经快是40年前的事了。那是我们考上大学的那一年。到今天，圆圆留在我脑海中的仍是她小学时的音容笑貌。她从小就是专心学习和勤于思考的孩子，讲解什么事的时候，经常用晃动平放的手掌来加强说话的节奏。小学六年，在我们班的历史上，有五个同学常被列为拔尖的，男孩是张益锋、稽明颐、沈平平（中途转学了），女孩是圆圆和我。圆圆从来都比我强，我一直很佩服她。她总是带头的。

六年级的时候，她是我们班第一个开始看大部头小说的，那时有名的书是《红旗谱》《林海雪原》《青春之歌》。在宿舍里，她对我们说："《红旗谱》的开头写得特棒：'平地一声雷，冯老兰要砸钟了！'一下就把读者的注意力抓住了……。"

不知其他同学受没受影响，反正我是跟着她看起了这些所谓的"大人书"。后来，我们也议论了《林海雪原》，十分推崇杨子荣。不知跟年纪是否有关，我们把白茹的形象"臭贬"一顿。

圆圆做了一件事，还真是影响了不止我一个人的生活。小学毕业，填中学志愿表期间，班主任贾老师说一零一中学很好，而且是住校，所以一些同学，包括我，把第一志愿填了一零一中学。就在交表前，圆圆热情地跟我们说，她去看过她姐姐的学校了，感觉特别好。我们都信得过她，于是好几个同学把第一志愿马上改成了师大女附中。我不仅修改了志愿，还和圆圆约定一起上英文班。当年，我们六（一）班上了女附中的有圆圆、张鹿麦、沈小敏和我。

遗憾的是，在我去外地姨妈家的时候，我父母接到女附中外语报名表，他们没有征求我的意见，就将我的外语志愿填作俄语寄回去，理由是他们会英语，希望家里人掌握两门外语。我和圆圆就此分开。再后来，初三过后，圆圆转上设在二附中的文科实验班，而我又考入女附中高中；我们俩也就这么渐行渐远了。

惊闻圆圆仙逝，很难过。愿她一路走好。

缅怀我的同学圆圆

张阿涛

4 月上旬风和日丽的一天，我和朋友相约去景山登山望远，在山顶上我自豪地告诉朋友：十几年前，我们童年的伙伴——育鹏小学的二十几个同学在这里聚会过。那天是为了迎接从日本归国探亲的沈平平而聚在一起的。席间大家请圆圆唱了一首以前她唱过的歌曲《听妈妈讲那过去的事情》。她那甜美的歌声再一次把我们带回到那美好的童年记忆里。说来奇怪，4 月初的那几天，我耳边时常萦绕着圆圆甜美的歌声，还多次浮现圆圆童年时的身影。可我哪里知道：那几天正是圆圆与病魔做最后抗争的日子，我更想不到的是，圆圆竟在那春暖花开的美好时节永远地离开了我们！

圆圆是我童年、少年时期最敬重和佩服的人，直到现在我依然清楚地记得在 1955 年 9 月上小学入学的第一天，一个美丽、圆脸大眼睛的小女孩儿坐在我左边隔一条走道的位置上，班主任王老师走到她的身边问她叫什么名字，她说："我叫张圆圆。"老师一定是对她聪慧的外表印象很好，立刻说："你当班长吧！"谁知这个班长一当就是六年，直到小学毕业。

圆圆在我们这些朝夕相处的小伙伴中确实是出类拔萃的，她是我们女生中的领袖。她总是能带给我们不一样的欢乐，我们大家都很拥戴她。圆圆唱歌很好，嗓音圆润清亮，是班上的文艺骨干。每年学校联欢会总有她导演和演出的节目，什么《胖嫂回娘家》《新疆亚克西》《老两口学毛选》，等等，至今我还记得圆圆嘴上粘着胡子扮成老头和钟小平表演《老两口学毛选》的好笑情景。圆圆还经常教我们一些好听的，并且很滑稽的外国歌曲（我想她也许受了同样优秀的姐姐的影响吧）。像苏联的《女拖拉机手》《蜻蜓姑娘》，德国的《蓝旗歌》，中国的《宋景诗》《吉普赛人之歌》，等等，这些歌曲使我们感受到不一样的艺术空气，所以至今仍给我留下深刻的印象。

圆圆的文笔很好，她考上师大二附中文科班绝非偶然。她的作文经常是班上的范文。我的印象中，老师经常让她到讲台上朗诵自己的作文。有一次她讲述公共汽车上发生的一个小故事，描写得很生动，如果不认真观察生活，她怎么能写出这么多好的作文呢？圆圆正因博览群书才能下笔如有神，因此我十分佩服她。

圆圆的身体很结实，可以说是敦敦实实的（而姐姐林娜就苗条多了），她的体育强项是投掷，她曾是西城体校的投掷运动员，练习铅球和标枪，可巧她的教练（金教练）后来也成为我的教练，只是我们没能同期训练过。在一个阳光明媚的日子，我俩相约去看望金教练，我记得那天天气暖洋洋的，我们三人坐在足球场的观众台上，愉快地聊着天，共同回忆着“文革”之前在体校训练的快乐时光。

那天我们都沉浸在美好的回忆中。那是我和圆圆在“文革”后第一次相聚在一起，也是聊天时间最长的一次，以后因为她忙，再也没有那样的畅聊机会了。

圆圆是一个很有毅力很能克己的人。“文革”期间，我们相约一起步行“长征”去陕西，有段时间我们天天在她家谋划“长征”的具体事宜，以及需要带什么东西等，列出一张张的明细，并在地图上标出行走的具体路线。那年的冬天非常寒冷，圆圆关节不好，我多次提出等天气暖和时再出发，但她非常坚定地要完成这个艰难的徒步旅行，并说这样才能锻炼意志（而那次行动终因我妈妈的阻拦我未能参加）。通过此事，我深深了解到，圆圆具有周密的组织才能和坚毅的吃苦耐劳的优秀品质。

圆圆在我们班这么多同学中，是最有成就的人。在她去世之后我才了解到，在她做学术研究的有生之年，竟著有那么多的清史著作。圆圆是个太克己太要强的人，每次小学同学聚会，她都是迟迟地来，又匆匆地走。当时我还有些怨她，觉得她有些不近人情，不珍惜同学相聚的难得机会，现在想来才知道我错怪她了，她实在是一个太珍惜时间、太把工作和做学问当成自己人生的头等大事的人。她是一个工作狂人，这样做也大大地伤害了她的身体，给了病魔侵害的机会。其实人生还有比工作更重要的，那就是生命和亲情！

圆圆是我们同龄人中最为优秀的人才，给我们的下一代做出了好的榜样，作为她的同学，我为她感到骄傲。她留给我们及社会这么多的学术著作，她没有枉度一生。

在此我也衷心祝愿圆圆的父母多多保重身体，逐渐抚平创伤，能平安快乐地生活。这也是我们全体同学的希望，更是你们的好女儿圆圆的希望！

忆张研

李南生

听到张研住院的消息，知道她病情可能恶化，我很快赶赴医院。我敲门时听见张研的声音还是那么清脆，以为她病情有了好转。进屋后看她躺在床上看我，我说：“还认识我吧？”“怎么会不认识你呢，你不是李南生吗？”我站在床边，她刚想说话就急促地喘起来。“别说了。”看她难受的样子，我的心一下子又提了起来。“不要说话。”她看着我说。医生来查房了。我和老谷便在楼道里聊了起来。这时，我才知道她已经在前几天报过病危，知道她已经在痛苦中度过了很多时日，知道她在顽强地与疾病战斗。医生走后，我又进病房安慰了她，让她好好养病，便告辞了。她看着我笑了，笑得那么灿烂，想不到，这竟是诀别！

我和张研是1966年8月在师大二附中认识的。那时在“文化大革命”中到学校来的工作组刚撤走，学校就贴出了“老子英雄儿好汉，老子反动儿混蛋”的“对联”，并有人到处宣传。高中几个班原来的班干部不约而同地聚集起来讨论学校的“革命”形势，并跑到学校对面的“师大”操场开会，张研就是其中的一个。我们激烈地讨论，

同学照

认定那个“对联”违反党的政策，违反毛泽东思想，决定写大字报反驳。这张大字报就由张研执笔。大字报明确的观点、严密的逻辑、犀利的笔锋让人耳目一新。贴出后，反响巨大，刚成立的红卫兵组织了反击，不但有大批的大字报，而且对我们发起围攻。也有很多大字报表示坚决支持我们。不少老师同学私下找我们，表示支持，还希望我们成立一个组织。在这种情况下，“红旗”诞生了。“红旗”很快成为学校的第二大组织。张研也成为该组织的领导核心之一。“红旗”的重要的大字报经常是张研起草；她还取了一个“报春”的笔名。

在二附中最黑暗的日子里，在反动红卫兵大规模的“打砸抢”中，我们“红旗”被扣上“叛徒”的帽子，一些人抄了“红旗”总部，把钟山同学打得头破血流，很多同学也挨了打。为了防止事态进一步恶化，我们把情况反映上去，“红旗”的骨干开始疏散并分别上访。

张研把这种情况告诉家里，张伯伯很快采取措施，让“红旗”一些骨干到他家避难，并把名单送到空军大院门卫备案。张研家成了“红旗”总部之一。在一段时间里，我们经常在张研家开会，而且一去就是好多人，张伯伯、王阿姨不但管饭，还备有零食。在张研家聚会成了大家很高兴的事。后来，在张伯伯和王阿姨的提议下，不少同学定期在张伯伯家聚会。

“二月逆流”发生后，到处抓“军内一小撮”，对于当时形势的分析，我和张研产生了分歧，对她跟我讲的东西也不耐烦。我们发生矛盾几天后，我收到一封信，是张研写的，信很长，讲了她对形势的看法，讲了她父母对她的激励，还特别说了她妈妈在刚当俄语翻译时的坚持、奋斗，希望我放开眼界。我看了信，很感动，找她交流了情况和意见。这封信我保存了很久，不知在哪次搬家中丢失了。

我们“串联”，好像是张研的提议。我们开始去了一趟天津，十几个人骑车浩浩荡荡。回来已是晚上；一个个困得要命，还和别人撞了车，幸亏没出事。快到北京时下雨了，我们没有雨具，大家迎着雨，边骑车边唱歌，好不热闹。接着，我们步行“串联”。张研和我们一起从天安门出发，一直西行，计划到延安。路过门头沟煤矿时，我们下了矿井。矿井非常原始，都是爬进爬出，手工挖煤装到筐里背出来。我们开始不让女同学去，张研坚决不同意，一定要去。干完一天活下来，大家又饿又累，都成了“黑人”，走路都走不动了。我们干了三天，在张研的带动下，女同学们都坚持了下来。那时，每天要走上百里路，有时晚上也走。走到山西灵丘古之河，被那里的村民留下了。我们吃住在村民家，和他们一块儿干活，调查研究农村情况，还帮孩子们学习，给他们理发。我们没有技术，大人小孩一律剃光头。因为是义务理发，找上门来的也不少。所有这些事情，张研都是积极策划并参与。农村生活很艰苦，有时晚上睡觉都冻耳朵。在农村的三四个月，没洗过澡，身上长了不少虱子，也没办法灭杀。中央提出“复课闹革命”后，我们才回京返校。

参加工作以后，我和张研一直没中断联系。在一次北京国防工业企业文艺汇演中，我意外地见到张研。那次汇演是在大山子电影院。当我听到报幕说，下一个节目是青云仪器厂时，就想不知道是否有张研。当幕布拉开，看见张研站在领唱的位置，我有点惊讶。当音乐响起，她高亢嘹亮的歌声回荡在影院时，我自豪地跟旁边的同事说，这是我同学。散场后，我见到张研，祝他们演出成功。因她是和几个同伴在一起，我们没有说多少话。但她唱歌的天分却让我的同事赞不绝口。后来我才知道，要不是“文革”，她可能上了音乐学院，成为歌唱家了。

我们经常通电话，她不忙的时候说她的工作、她写的书。有时也讲她同事的故事。她忙时就不客气了，说我还有事，以后再说。遇到几次这样的情况，一般我也不轻易给她打电话了。有一年春节前，我给她发了短信，她回了一首诗，雄心勃勃，慷慨激昂，表示要进行新的历程。当时她好像接受了新的任务，这诗是她的心声，可惜我当时没及时记下来，换手机时诗丢失了。张研很忙，但她也会做菜，有的菜做得很地道。有一次，我到她在知春里的家，她烧的鱼，色香味俱全，让我们领略了她的手艺。

退休后，她继续带研究生，继续研究新课题，继续著书立说。我和一些同学劝她别太拼命，她说要抓紧时间做些事。今年春节前，我给她打电话，她说身体不好，我说看看她，她坚决不同意，也没有说病情。想不到，她得的是绝症。

张研走了，走得那么匆忙，走得那么无奈，令她的亲朋好友心痛不已。但她的事业、她的音容笑貌永生。

忆圆圆

钟　山

1964 年，在颐和园开了文科班的首次联谊会，有人提议张圆圆唱歌，她大大方方地站起来："那我可就唱了，别吓着大家！"当她亮嗓放歌时，那股冲天直上的高亢声波突然震撼了每个人的心。刚才，王贝贝在大门前的石狮子下捧着外文单词的苦读状已经吓了我一跳，现在，又被这个又高又壮，脸圆圆、眼圆圆，还戴副圆眼镜，怀里揣着个"大音箱"的女孩吓着了："看来这个班的同学个个了得，自己可要发奋了！"这是张圆圆给我的第一印象，鲜明而且刺激。

在半军事化，吃、住、行、学都在一起的文科班生活中，我渐渐发现她并非人如其名，为人做事完美圆满，反而是有棱有角，甚至有点特立独行，很像她的作文，不是篇篇优秀，但常有别出心裁的妙语奇文。她可谓不够秀外而真慧中。我们俩算不上亲密，可我能感觉到在她爽朗大气的外表之下，也会时时闪现出女孩子的敏感、细腻、脆弱、淘气……

记得一件趣事儿：有次半夜，我突然嗓子疼，她和几个同学自告奋勇去校医务室拿药。回来后，交给我几片润喉片，几个人还吞吞吐吐地坦白："本来医生给了一整盒，我们尝了尝，比糖还甜！七尝八尝，就剩下这些了，太对不起了！"想想平时为了严格要求自己，比着不吃零食，结果个个憋成了连药片也吃得香的馋鬼，再看看那几位意犹未尽的样子，我极快地吞下了药："是，真甜！"我们都再也绷不住地笑起来。药片的镇痛、友谊的温暖、真情的宣泄，交相作用，我的嗓子居然不疼了，一觉睡到起床铃响。

毕业前，文科班到房山李各庄，边学习边劳动边参加"社教"运动，收获了思想、创作的多重丰收。其中，圆圆用旧曲填新词创作了《三个老汉种春麦》《三个娃娃夸爸爸》《三个老妈妈学文化》等系列作品，形式新颖、贴近生活，在同学和各次汇演中广受好评。去年，二附中60年校庆时，当年的3个"娃娃"——我、黄植荣、田婧英，阔别近50年后首次重聚。虽然，我们已是"皱纹天天长，头发渐渐白"的3个小老太太了，可那些词曲却记忆犹新。也许，和圆圆现在大部头的清史专著比，那只能算些微小品，但它们却是圆圆青春的鲜活的脚步声，在同学们的心中，永远会激起亲切的回响。

"文革"使我和圆圆真正靠近成为朋友。那场"浩劫"如同显微镜，清晰地审视出人的真假、善恶、美丑，尽管有时残酷得近似拷问。

因为都不赞成对新中国成立以来成就，包括教育路线的全盘否定，特别是反对以出身、观点把老师和同学按敌我划线，对"敌人"加以粗暴的、侮辱性的，甚至是毫无人性的打击，等等，观点的相同使我们对彼此的思想与本质有了更深的认同，组织起"九人小组"，后发展为"红旗"，这是二附中校内第一个公开与红卫兵的"左"言"左"

行相对抗的群众组织。尽管受时代影响和我们个人的局限，有过错误，有过摇摆，但可以无愧地讲，我们是努力地去求真理，讲人道，坚持实事求是的。作为校内的少数派，压力重重，每写一张大字报，每参加一次公开辩论前，我们内部都要反复讨论，激烈争辩，还共同学习过“毛选”、列宁关于“左派”幼稚病的论述，等等。“疾风知劲草”，圆圆以她的思想深度、坚持勇气和组织才干成为“红旗”无可争议的领导核心。

那时，因父亲的问题我被称为“彭黄死党子女”，由于观点与当时大形势不合调，被昔日的好友敌视，不明真相的同学围攻、谩骂，每每处于困境、心生困惑的状态中，只是凭着一分自信再加上圆圆等人的包容、信任和支持才能最终“扛住”。

“砍人事件”突然发生，从学校翻墙逃出的王文德赶到我家通知：“红旗”被诬为“黑保护伞”、反革命组织，总部被砸，人员被扣，圆圆让大家设法撤去她家，还特别叮嘱我不可回校，也别留在家里，直接找她。事出意外，思前想后，我自认无罪，更不愿朋友们受牵连，决心返校换人。结果是到校时“红旗”人员已撤走，我则“自投罗网”，被扣被打……事后听说，“红旗”的朋友们为了反映事件真相，为了救出我，曾甘冒风险到《红旗》杂志社总部请愿。我为之深深感动，更坚定了对人类良知的感知与期待。

20多年后我们再会时，她已因曾被我讽笑过的“学究气”而成了清史专家，变成沉稳的张研教授，但在同学们眼中，她还是圆圆。每年春节，“红旗”的朋友们会相约去圆圆家聚会，探望曾在最困难时刻以无私的爱庇护过我们的圆圆父母。两位老人年逾九十，仍笔耕不辍，每有新作，便寄发给大家，令人感愧。我想，唯其是这样永远有追求的父母，才能培养出卓尔不群的圆圆。

圆圆太忙，行也匆匆，去也匆匆。直到去年春节聚会时，她才告诉我："我和老伴身体都不好，有时累得两人都躺在床上，什么也不想干……"我再三告诫她下决心放下一切工作，休养，调整……这是我们最后一次谈心。后来听说她老伴病重，打电话想去看她，她却婉谢探视，但承诺了有需要一定告诉我。

然而，那个永远真诚待人的圆圆却对我撒了第一个也是最后一个"谎"，那个永远生机勃勃的圆圆就此不告而别！百感无言……但在内心却不能不对她的自尊、自爱献上敬意。也许，这才是圆圆式的告别：不带走一片云，却留下她对所有人的爱，留下她浓缩了生命而种下的所有果实。

再见了，圆圆，期待着他日重逢，再听你高歌一曲！

圆圆：你回来！

曹新书

圆圆：你别走！你回来！一直在等你有了时间再说说话，一直在等你的电话说说你的病情。我身边有同事和你的病一样，我满有信心等你病愈，让我的同事看到希望。

春节初六你在病床上高声打电话，为妈妈叫来干休所的急救车，让我先陪阿姨去医院。听你那清脆而有力量的声音，谁也不会相信你在重病中，更不可能想到再有 68 天你就要走了，从此不再回来！

圆圆：你回来！爸爸妈妈再病了谁来打电话？你知道爸爸、妈妈多疼你，你知道你揪着他们的心，你让我怎么去面对张伯伯、麦林阿姨、林娜姐姐，还有盾盾和小孙女？

圆圆：你看看我哭成什么样了。你忘了曾掰着我的眼皮不让我睡觉，只为听完你的故事。你回来！你别走！看看还能不能把我的眼皮掰开。我再不闭眼睡觉了，肯定听你一直讲到天亮！

圆圆：你回来！去年这个时候你的承诺呢？去年春节见面时，你让我在石家庄帮你挑选一处房子，要和我做邻居。我高兴得不得了！这下我终于有机会再听你不停地讲了。因为你忙于著书，已有好多年没有与我在一起说过 10 分钟以上的话，这下好了，我可以带你打乒乓球了，我们这儿的条件可好了！我可以做我拿手的饭菜给你吃，几十年来都是你在北京做饭给我吃。我早有所考察，很快帮你选择了一处最理想的房源。它离我住的地方只有十几分钟的路，在我们西校区的后面，五分钟就走进西校区，左边是早市，对面是永辉超市，右面是石刻园公园。你在京找不到生活、娱乐这么方便的楼市。当时的价格也不高，只要 6500 元一平方米。我让你来看房，你说："你选的，我百分之百满意。等 4 月份一笔款到账，付全款买下。"没过多久你就打电话告诉我，谷维民的肝癌要动手术。

7 月份我在成都，你打电话告诉我你得了肺癌，真是天有不测风云，接下来发生的一切使你无暇顾及此事。我们瞎出的主意，你都回绝了。你一直给我们的感觉是在积极寻找更有效的治疗措施。我们都在等候前去帮助你。突然你就走了，走得那么急！使我们都始料不及！

圆圆：你总得向我打个招呼吧？你不能说走就走，留下我苦苦等待！我感到亏欠你许多许多，你回来！

圆圆：你说话不算数！你刚买下平山西柏坡温泉别墅就答应让我去泡温泉。当时还有一个男生，你挑逗似的对他说："不带你去！就不带你去！只带曹操去。"因为你知道他家在遥远的广州没机会去。我特别得意，天天盼着你的电话。你至今没兑现承诺，就连你自己恐怕都没去温泉享受一次！圆圆，你回来！你总得带我去那儿看看吧！

圆圆：我知道你累了，身体透支太大了！我知道你与疾病抗争着！我知道你有多爱你的爸爸妈妈！你曾当着我的面给爸爸妈妈撒娇的样子令我记忆犹新。春节你对我说："实在太疼了！"我说："为了爸爸妈妈你也要坚持。"我现在才体会到，我说得多轻松！你做得多么超出寻常！

这天是2月5日正月初六，此时离3月12日发出你的病危通知单仅剩35天，到你向我们的最后告别的4月12日也仅剩66天。病魔已在吞噬你的全身！我却还要你坚持。早在去年春节你就疼痛难忍。现在回想起来那时候你的脸色很不好。我让你检查一下，还给了你一把在朝阳公园庙会上买的小木槌，你高兴地说："这个还有点用。"然后就向腿部疼痛处不断敲打。可见你是知道怎样驱赶病魔的，只是你没有给自己留出时间！你后来告诉我："检查了，没事。"

现在看，不是医院误诊就是你凭着惯有的顽强没有理睬重病缠身。如果那时候你能停下来，去疗养，把你学的中医针灸实践一下，用木槌坚持敲下去，也许能创造奇迹！

然而多年的拼搏，你已深陷其中，不能自拔！还继续写书，继续审阅博士、教授评审论文。2月5日那天你对我说："我做这些有些悲壮！"我说："你真是不要命了！"我现在都想不通，你为了什么？

你已有名了！已经是国家教委编制的国家历史著名学者智库的在册名家。去年你甚至把自己的著作署名让给他人。你走了的这些天我才明白：这就是真实的你！你知道吗？学界朋友称你是"学界女侠”；你们班的一位同学给你的评价是：“文科班顶尖的才女之一，论文笔、论才华、论体育、论音乐、论人品、论意志、论魅力，哪一样输给他人？”他感慨地呐喊一声：“天啊！”

怀念圆圆

踏遍青山

这几个月来，只要想到那卧病在床的老同学张圆圆，心情就非常沉重和无奈。祈望奇迹出现，祈望那昂贵的中药能帮助她挺过艰难……但，最终听到的却是噩耗！

清晨醒来，几十年前与圆圆交往的一幕幕浮现在眼前。

在师大二附中教学楼三层和二层之间有一面大大的墙壁。1963年第一届文科班在这儿按期出壁报，叫作《星火》。1964年我们第二届文科班开课以后，也在这面大墙上办一壁报叫作《熔炉》。张圆圆是主编，我则负责搞标题插图。每次老师把班上较好的作文交给我们。圆圆负责组织版面，修改，找作者誊抄。我则画插图，美化标题。

在我印象中，圆圆总是充满自信的，圆圆的脸、细细的短辫，一说话辫梢就在肩上扫动着。健壮的身姿经常出现在运动场上。走起路来脚步落地有声。冬天天气很冷了，她却穿着薄薄的单衣；夏天挥汗如雨，她又穿着厚厚的棉衣。她不是不知冷暖，而是在有意识地磨炼自己的意志。当年我就觉得她很不一般，是个能做大事的人。

1966年，我们从房山李各庄学农回来不久，就要参加高考。中

同学照

国音乐学院音乐理论系提前招生。学校让班上去几个同学参加考试。

面对陌生的考场，我们都有些紧张。圆圆却总是信心满满的。我们互相鼓励着。那次初试，有唱歌和笔试一些乐理知识，默写《社会主义好》的歌谱，模仿敲击节奏，等等。三人之中，只有圆圆通过了。

当年，圆圆的妈妈和姐姐也都有一副好嗓子，三个人经常在一起高歌。圆圆的爸爸则在一旁幸福地聆听着。一个多么幸福美满的家庭，一幅多么动人的画面啊！

想起圆圆，我脑海里又一次浮现这美好的画面，她那嘹亮的饱满的充满激情的歌声，仿佛又回荡在我的耳边。

慰 藉

季 烨

圆圆走了，也终于解脱了痛苦，我为她痛哭，也为她欣慰。

她确诊之后，我看望了她几次，眼看着她的生命一次比一次衰弱，她的痛苦一次比一次剧增，我无能为力，一点点忙也帮不上，以至于不敢再看她，不敢再打电话。她给我的最后一句话是："等我好点，我给你打电话。"然后我走了，去澳洲，等我回来，她却走了。

想到有两件事，慰藉了她，也让我自己感到慰藉。

第一件，我在她患病初期明确告诉她："当年你在我一生最难熬的时候帮了我，我一生不忘！同时把你当作最诚恳的朋友……"

1966年，"文革"期间，我挨骂挨打被抄家之后，因为看大字报时牵着我弟弟的手，因为"出身不好"，因为在文科班时曾向组织坦白自己对某位男同学有好感（其实我连话都不敢跟他说），从而被冠以"有男女关系问题"。在那个可怕的红八月末，竟被当作"女流氓"批斗，备受凌辱……对于一个18岁的女孩子来说，这是怎样的境遇与感觉？！

清楚记得，红卫兵把我们赶出学校，到鼓楼西大街迁粮油关系。

那天天特别蓝，阳光灿烂无比，但它们完全不属于我，我不知道自己是如何在灰暗、绝望和无助中踽踽独行的……至今无法准确形容我当时的心情。

就是这之后不久，圆圆对我说："你真纯洁。"

写到这里，我禁不住泪如泉涌……

至今，我仍旧无法用准确的语言描绘她这句话对当时的我的作用，只记得我立时眼泪就差点当着她的面落下来。

送别时，竹厅楹联上"学界女侠"几个字，是她的同事、朋友、学生对她的评价，深深刻在我心里。行侠仗义，必有柔肠在中。别看她平时好似孤傲无比，其实她内里是极其地重感情。

对她的评价是发自心底的。她的语言、她的判断，和当时的社会特别是学校里氛围完全不同，现在看来，在当时，就已经显示了她的特质：不论周围氛围如何，她绝不随波逐流，即使在"以阶级斗争为纲"使全社会都像发了疯似的时候，她依旧以人性为衡量标准；良心，是她判断的出发点。病重的时候她对我说："就是良心，你如果真正凭良心做，你怎么可能对同学、老师谩骂、挥鞭子？！一皮带打下去，钟山的眼睛就黑了……钟山都原谅她了，我不原谅，这不是什么道歉就能过去的。当然我也就是见了面不理她……她要是真正凭良心，能把老师、同学全踩在脚底下？！"她的孤傲，是极端重感情的另一种表现，疾恶如仇，至死不改变、不原谅。

第二件，我读了她的书，和她讨论，在她行将衰竭的时候，在我们见最后一面的时候，她用衰弱的声音对姐姐林娜说："季烨看了我的书……”

上一个春节，知道她腰疼，心情不好，自以为是她不适应退休的新环境，想劝她调整心态。等到中秋前夕，到医院看她，才知道了她的病情，几次下来，也更知道了事业在她心里的位置。虽然她自己不承认（她说：我家庭生活也非常幸福呀），但我以为，她是以事业为生命的。她自尊心太强了，她不让人们包括朋友看到她生病的样子（她说：我可狼狈啊……家里太乱了，真不好意思），不让朋友们来看她甚至不让打电话。甚至你劝她勉强吃点东西她都很烦，只有说起她的书、她的学术，她才高兴。她的学术成就确实挺大的，而且扎实，这在八宝山告别时看到的“张研教授生平”中有翔实的介绍。

倒数第二次去看她，她躺在床上告诉我，她的同窗、中原大地传媒股份有限公司的总编辑、我们的朋友耿相新和她同窗燕京来看她，她坐在沙发上整整陪他们聊了3个小时，现在腿疼得坐不住了。但她非常高兴，她主编的《民国史料丛刊》和《民国史料丛刊续编》在北京国际书展上大获好评，也给出版社挣了几百万的利润。她说：“我不是为钱，我们家有钱，老谷在工厂挣着呢。我编的这两套东西，搞民国史的都绕不过去。我想给后人留下点扎扎实实的东西……”

她给了我两本她的著作——《清代社会经济史研究》《清代县级政权控制乡村的具体考察》，说：“你看得下去吗？看完了告诉我心得。”

隔行如隔山，我看得还是有点费劲，但还是比较认真地看了一本。

为了慰藉她是一个原因，现在这个时候，只能是她愿意听什么我说什么；另一个是我确实想向她请教：我家有一位先祖，曾一次捐赠了华北四省的赈灾钱、棉，我想写一下。但是清代官员俸禄极低，他的钱哪里来的？我心里极纠结。给圆圆打电话时向她请教，她说："不是那么回事，清朝有制度的。你来了我告诉你。"

我去了，她讲。然后，我看了她的书。她的《清代县级政权控制乡村的具体考察》，从清代广东一县官日记仔细研究出，有两套制度，一是朝廷俸禄，该县官年俸禄 45 两银子，人吃马嚼的，不够两天花的！二是县里聘师爷衙役内外人员、日常行政、打仗剿匪等开支，都靠地方按照惯例筹集的经费。地方有穷富，官职就有肥差瘦差之分了。她讲，这是她自己读史独特的深刻体会。

我心中的纠结基本解了，电话告诉她，她很高兴。

最后一次去看她是春节期间，她躺在床上，还在为耄耋之年的父母操心。姐姐林娜有急事需外出半天，她怕老人出问题，请我去她家值半天班，什么事也不必做，只需坐在那里。我去了，告诉她我读了她的另一本书和论文集中的一篇，谈了我的心得，还提出一些问题向她请教，她说了几句，就再没有力气继续了。这一天，她的情况特别不好。下午，姐姐回来了，我在外屋听见她用衰弱的声音对姐姐说："季烨看了我的书……"

我感到欣慰：在她即将衰竭的时候，我给了她慰藉。

圆圆，我最诚挚的朋友，一路走好！

你深切的友情，将永远活在我的心中！

王咏红

对圆圆的早逝和经受的疾病磨难，心里非常难受，一直努力压抑着悲痛。收到好友季烨的来函，内心对圆圆深深的缅怀再也压抑不住，和着泪水决堤奔涌……圆圆是我童年时最要好的朋友、我的淘气伴侣，同时也是我文学的启蒙人。

我俩都是在空军大院长大的，同在育鹏小学寄宿，是同班同学。上初中时，她功课好，上了师大女附中；我不用功，没她成绩好，上了女八中。我俩寄宿在各自的学校，还是同住一个大院，仍然是好朋友。考高中时我因贪玩儿，趁反对我学文的母亲出差，软磨硬泡，征得了父亲的同意，上了师大二附中文科班。没想到在文科班和圆圆惊喜相遇，我们又亲密地学习、寄宿在一起，直至高中毕业。

我和圆圆的友情是怎样开始的，已经记不清了，只记得圆圆那白白的满月般的脸盘，总是那样祥和温柔，就算是生气，也不过抬抬眉毛撇撇嘴，绝不像我那样好斗不忍让。小时候我不太会处理同学关系，但我俩总是相处非常融洽，从未有过争执。圆圆总是笑眯眯地讲出她的不同意见，对我呵护备至。从小学到高中，圆圆永远是班里品学兼优的好学生，却跟我这个学习不刻苦、顽皮不羁的邻家女孩非常投合。

圆圆从小就很爱读书，常介绍好小说给我读。“知识就是力量”这个座右铭，是她第一个告诉我的。圆圆家有好多书，张伯伯和王阿姨非常慈祥慷慨，总是很欢迎我去他们家玩儿。暑假时，我几乎常在她家，天天和圆圆还有她姐姐林娜一起玩儿。我们去什刹海和陶然亭游泳，在她家安静地读书读报，然后玩捉迷藏等游戏。后来大了一些，我俩还加入过姐姐林娜和朋友林林的青春启蒙密谈。

还清楚地记得小学三年级时，圆圆把她刚读完的《林海雪原》借给我读，当我爱不释手，读字读半边地读完还给她时，她发表了对《林海雪原》的一些批评意见。傻傻的我当时很吃惊，我们可以批评书本吗？圆圆说是啊，我们长大了还可以写书呢。我对文学的爱好和想当作家的意愿，应该就是从那时萌发的。后来我们长大了，各自都出版了书，圆圆写的是清史专著，我写的是小说，但我从未想到，也没有亲口对圆圆讲过，儿时玩伴儿的她，曾是我文学启蒙的重要角色。如果我对她讲了，相信她会非常高兴且自豪，因为她是那种非常愿意帮助人，非常愿意为社会、为人类奉献的学者。想到这里，心中异常刺痛……

每想到圆圆，就会勾起我俩从育鹏小学逃跑回家的冒险逸事。大约是在小学四年级，我们好不容易盼到周末可以回家见爸爸妈妈了，却因社会上流行猩红热，学校宣布不许回家。我这个从3岁起就上寄宿制幼儿园，特别恋家的小蛮子，想家想得眼泪汪汪。圆圆不知怎样安慰我，也跟着伤心。当她听到我想逃跑回家的建议，就马上支持，跟我一起顺着墙头的大垃圾箱的木架，爬出围墙逃跑。大概是有同学看见告了密，学校派人追“逃犯”，我俩躲在玉米秸堆后面避过。感到我们的冒险，就像小说里写的那样，非常兴奋。可是怎么逃回家呢？身上没有一分钱，就算有也不会坐公车。聪明的圆圆说我们大院附近有铁道，于是我俩就沿着铁轨，向着想象的家的方向跋涉。几十里的路程，两个出逃的小姑娘走得很愉快。看到我们大院的楼群，快到家时，我怕被严厉的妈妈惩罚，请圆圆跟她爸妈说说，帮我讲情，避免被罚，结果还挺管用。

还有一次我拉圆圆干坏事是在暑假，大约是五年级时。看到我们大院儿英国花园的果园里，梨树枝上挂满又脆又甜的京白梨，心里总是很痒。我最喜欢从树上摘果子吃，经常跟哥哥爬上矮墙摘桑葚吃得嘴唇发紫，感觉特爽。但我自己不敢去，想让圆圆跟我一起去。圆圆本是特别规矩的好孩子，但对我这个捣蛋朋友的冒险坏主意，从来都是毫无保留地支持。我俩趁雨后人少，溜进英国花园的果园，我爬上树摘梨，圆圆在树下望风，并用雨衣接住我摘下的梨。知道偷梨是坏事，我的心跳得像敲鼓，摘了几个梨，就赶紧从树上下来。我们用雨衣裹住那几个梨落荒而逃，不料刚好碰上看园子的人迎面走来。我吓坏了，心想如果状告到妈妈那里，我就死定了。结果慌乱中不小心，两个京白梨从雨衣中滚出，幸亏看园子的人大步走开了，没留意。于是我们捡起那两个滚落的京白梨，乐不可支地飞奔而逃。

高中毕业和“文革”期间，我俩在一起的时间很少。只记得早婚的我，曾抱着幼小的儿子去圆圆家探访，受到她和全家的热情款待。再后来就是我出国，移民，每次回国时总是匆匆忙忙，在几次同学聚会中，只见过圆圆一次。她那时已是教授，正在撰写有关清史的专著，非常忙。记得尽管那么多年没见面了，但圆圆基本没怎么变，仍是那么亲切、那么可以信赖依靠的老样子。我俩在饭桌上谈起了当年从学校逃跑，还有合伙儿偷梨的童年趣事，感到非常亲切，心里暖融融的。我们交换了电子邮件地址，却因各自都忙，没有保持联系。她邀我去看望她的父母，我因时间太紧，推辞了。

没想到，那次见面竟成了今生今世的永别！感谢季烨给我发电子邮件告诉我有关圆圆的消息。得知她正在与癌症病魔抗争，心里非常痛惜，很想跟她在电话里叙旧，鼓励她坚持，但好强的圆圆却不肯……我非常理解她的心情，本想10月份回国时去看望她，不料她那么快就离开了我们……

真的非常悔恨只顾忙生活和工作，没有和我唯一的儿时好友圆圆保持联系，没有满足去探望她年迈父母的愿望，没有亲口对她讲我是多么感谢她当年对我的文学启蒙，对我这个顽皮密友无条件的支持、关爱和欣赏，没有阅读她呕心沥血、倾尽毕生精力完成的专业著作……

亲爱的圆圆，放心走好吧。我10月回国时会去探望张伯伯和王阿姨，会在你的墓前对你说出我的感激热爱之情。你的深切友情，将永远活在我的心中！

印象张圆圆

赵炳智

云南和广西秀美的山河与美丽的传说激发灵感，张艺谋执导的实景演出大型歌舞剧《印象云南》《印象丽江》和《印象刘三姐》获得巨大成功。

张圆圆（张研）带着丰硕的学术成果走了，她与我上高中时同窗 4 年，给我留下的许多美好印象一一浮现眼前。我不是导演，不是作家，但是，我愿用一支注满真情的笔写出这些印象，以寄托深沉的哀思，表达永远的怀念。

“普外”慧中

“秀外慧中”是夸赞一个人不仅长得漂亮而且内心聪明。圆圆身体微胖，身高 1.65 米左右，在我班女生中算是较高的。脸盘圆圆的，眼睛不大却很有神，有时还架一副眼镜。头发不密，梳两条细短辫。她的外貌很普通，正值青春年华却不讲打扮，常穿一身褪了色的旧军装。但是，她的内心却不是用“聪明”两字能概括的。她的淳朴、正直、勤奋，她的宽厚豁达、疾恶如仇，她的善解人意、同情弱者……

都让我钦敬。

我由于品学兼优，在黄城根小学和北京四中都是佼佼者，初二第一批加入共青团，立志 18 岁要加入中国共产党。但是，上高中后开始还担任过团支部书记和班长，后来因为家庭出身不好（其实我父亲的成分不过是小业主）而感到压抑。“文革”中，有本校本班红卫兵到我家抄家，批斗我那在抗日战争时期曾冒着生命危险帮助了中共地下党员，又身患重病的老母亲，伤透了我的心。

圆圆和我一个小组，课桌在我后面，她不但没有歧视我，反而同情我、关心我。我有一次感冒后咳嗽起来，本想扛过去，结果越来越厉害，有一天早晨发现课桌里有两瓶止咳糖浆和四个雪花梨，猜想是圆圆放的，在当时学雷锋做好事不留名的时代，问是问不出来的。前不久在和圆圆的通话中证实了此事，我想当面去感谢她，可是实现不了了。对于我在“左”的形势下的思想压力，对于我在“文革”中的境遇，圆圆深表同情，我永远感激她。

圆圆出身好，在“文革”中没有过激行为。她感念师恩，看重同窗情谊，对那些残忍地伤害姜书记、老师和同学的人，她嗤之以鼻，不屑与他们为伍。

体育尖子

为了磨炼意志，强健体魄，圆圆自觉地加强锻炼，有时冬穿单衣夏穿棉袄，有时故意跑到雨地里淋着。凭着顽强的拼搏精神和训练有素的精湛技巧，圆圆成了体育尖子，在两届校运会上，她都获得了铅球冠军，为我班夺得团体总分第一名立下了汗马功劳。排球场上，她传球精准，扣杀有力，在与外班的比赛中，她总能发挥重要作用。

劳动标兵

作为文科实验班，我班社会实践活动特别多，劳动锻炼的机会也多。不管干什么活儿，圆圆都是不怕苦不怕累，保持着高昂的斗志，体现出一种不服输的劲头。

我们高一时到西郊农场参加秋收劳动，主要任务是收割、运输用作奶牛青贮饲料的玉米秸秆。我们把割倒的玉米秸秆捆起来，再扛起来运到指定地点。那玉米秸秆两米多高，又粗又壮，还带着水分，几十根一捆，十分沉重。看到瘦弱的金天相老师和圆圆扛的和我们壮实的男生一样多，我说："你们少扛点，别累坏了。"金老师说："我有干巴劲，没问题。"圆圆说："没事儿，我有劲儿。"

我们高二时到顺义县板桥公社营尔大队参加京密引水渠建设，要把河底的淤泥运到30多米高的渠岸上。那淤泥特别沉，圆圆总是让装泥的同学多装一点，和我们壮实的男生一样，挑起两筐泥晃晃悠悠地登上高坡，再将泥倒在岸边。我们确实感觉累，但背背"下定决心，不怕牺牲，排除万难，去争取胜利"，唱唱"红岩上红梅开，千里冰霜脚下踩"，就又来劲了。

文艺骨干

我班在外出参加社会实践活动时，经常排着整齐的队伍，一路高歌，《社会主义好》《学习雷锋好榜样》《我们走在大路上》常唱不衰。圆圆有一副好嗓子，在我班的歌咏活动中发挥了带头作用。她还在西郊农场劳动期间，和王咏红、缪小放、刘垣一起排练了舞蹈《学习大寨赶大寨》，回校后又教会全班同学，到国庆节晚上参加天安门广场大联欢时，大家一起唱歌跳舞，高兴极了。

写作高手

圆圆不大爱说话，从不多言多语，但心里有数，文学功底好，担任我班壁报《熔炉》主编时特别负责，认真审稿、改稿，和朱小莹等同学一起，把壁报办得红红火火，在楼道里吸引了许多外班同学的目光。在批判“有毒”作品时，她写的《小说〈三家巷〉和〈苦斗〉把我们青年朝什么道路上引》一文，洋洋洒洒五千言，从“作者美化了旧社会”“作者用亲戚关系代替了阶级关系”“作者用‘人类之爱’代替了阶级仇恨”“作者歪曲了阶级斗争”和“作者究竟把我们青年朝什么路上引”五个方面展开论述，酣畅淋漓地表达了自己的观点。（今天看来此批判文章有问题，这里不作讨论）

……

自 1968 年离开北师大二附中后，仅在 2010 年送别王文德时见过圆圆一面，当天未及多谈。

在今年春节后和圆圆的一次通话中，我说：“你给我的印象都是美好的，我说不出你的一点不好。”这是分别几十年后我特别想对圆圆说的话，幸亏我说了，不然，又要增加一分遗憾了。

圆圆的突然离世，对她的家庭、她的单位、她的母校和她所在班级都是重大损失。好人才女陨落，山河天地同悲。

我永远怀念张圆圆！

我心中的大妈

申二豆

我们在生活中会扮演很多角色，因为我们会遇到很多与自己相关的人。然而众多人中除了父母是无私地给予你关怀，又有谁会那么无私地在意到你呢？是的，我非常幸运地遇到了。她与我非亲非故，然而她的光芒照亮了我的世界。

时光飞逝，2003 年转眼过去，踏入 2004 年的门槛。一个农村姑娘，跟着同村的打工青年踏上了外出打工之路，让这个村姑对外出生活有了更新的认识。就在她思绪飞舞，在现实与梦想中徘徊时，到达了此行的目的地。

映入眼帘的是一间 60 平方米左右的房间，合理的摆放显得温馨舒适，没有距离感。在这里开始了她的蜕变，遇到了她的贵人大妈。弥勒佛似的身材让大妈有些与众不同，憨实的笑容平静了村姑忐忑的心情。村姑在大妈的鼓励中迈向城市生活，开始了新环境的磨合期。一段时间后村姑穿上了适合自己的衣服，看起来基本没有了农村人与城市人的区别，不经意地享用着大妈提供给她的各种物资，在她安心地过着舒适的生活时，却不知道大妈为她报考驾照正在筹钱。

迷糊的村姑第一科目考试落榜了，蔫头耷脑的样子实在可气。可耳边飞来的是这样的声音："失败是成功之母，努力一点，没什么大不了的，我们聪明的豆儿考这个，小菜一碟。"这是大妈的声音。之后几天，大妈、大伯夫妇每天半小时教导我如何学习、如何有效率地学习。10天后的考试顺利通过，之后的科目也很顺利地一次性通过。拿到驾照，经过陪练、熟人指导等一系列上路前准备，在车如蝼蚁的城市中，还是无法释怀紧张的心情，不能自行正常上路。这时一句"我坐后面，你随便开，出了事我负责"，又是大妈给村姑撑起了一片天。

锻炼车技的同时，我对城市有了新的认识。电脑的普及给工作和生活带来了极大便利，大妈不仅教会了我从只会QQ聊天到电脑基本工具的应用，又给我报名学"装饰装潢"课程。为了能让我学以致用，大妈寻找着各种机会让我一试身手。老天不负有心人，大妈儿子从日本留学归来，购进了日本有名品牌的墙纸。研究几天之后，教我在淘宝网开起了网店，从无人问津到日日有订单，直达月入万元。为了开阔我的眼界，出差工作时，带我去上海，并指点外出时的注意事项。

无微不至的关怀，又岂是雇主与保姆的关系。一个村姑华丽丽地凤凰涅槃，是如此的匪夷所思，又是那么的理所当然。可事情还远远没有结束……

在操办完自己儿子的婚事后，她开始想让我走出家门，给我留意合适的工作，从不愿意离开到无奈地走出家门，我沉思了，开始不理解，慢慢想明白了，“女大不中留”，这是在为我的终身大事着想。

终于我遇到了一见倾心的爱人，还时髦了一下——“闪婚”，过上了幸福的婚姻生活，婚后大妈对我工作、学习上的督促和关心从未间断……

这种无私、忘我的情怀又是如何拿金钱来衡量呢？有人说“大妈对你够好的了”，我认为不恰当，应该是“大妈真心地对我好”，她没有拿我当外人，从无到有，活生生给我创造了一个适合我的生存空间。如今我也养育宝宝，更深切地体会到这种心境。如此的大爱，试问有谁能及其一？！

二豆心中永远的“张妈妈”，您虽已光芒不在，但是爱意点燃的火种，将永不熄灭。

永远的二姐

王　颖

当我提起这支笔的时候，我的心潮无比澎湃。我说的二姐和我没有任何血缘关系，而这个二姐却在我心里占有重要位置。说起这位二姐，还要从2008年国庆节开始。

我是负责给张开帙首长开专车的小王。2008年国庆节后我开始给首长服务。就在这时我认识了二姐。我第一次和二姐接触，是送她回知春里她的家。她胖胖的，和蔼可亲，一路上和我拉家常，我们有说有笑。有时候，还用老家的话和我聊天，把我逗得哈哈大笑。渐渐地我就了解她了。

在和二姐的谈话中，没有听到她的话中带过一个脏字。她的语言丰富，特别幽默，是一个有文化有修养有内涵的人。时间长了，我和二姐的感情也越来越深了。不论我在工作中和在生活中有什么事，都愿意和她说，请她帮我出主意、提意见。

记得一次闲谈中，我说我特别喜欢警灯警报，没想到，没过几天，二姐竟然把一副警灯给了我，我高兴坏了。这说明她体贴人。我搬家缺少一个冰箱，我只是随便说起，没想到，二姐便把她家一个闲置的冰箱给了我，我真过意不去。二姐就是乐意帮助人。

二姐每星期二来看望父母，星期三回去，星期六再来看望父母，星期日回去；她是教授、博士生导师，工作很忙，一个星期来回四趟看望父母，说明她是一个孝女。孝女不是说出来的，是做出来的。有时首长想吃“金五星”的卤肉，二姐就立刻去买。首长的身体比较胖，衣服不好买，有时买小了要退回去，折腾好几次。但是看到首长能穿上合适的衣服，我们特别开心。在生活中，我在二姐身上学到了许多，让我知道怎样能够成为一个孝子；在工作中更不用说了。她常常为单位的事加班加点。为了给学生改论文，一熬就是大半夜，根本得不到休息；二姐就是一个工作狂，能看出她对工作的负责。二姐在生活中和工作中的表现，就是我的榜样。她鼓励我学知识、学技能。我就是在她的提议下在单位报考了大专班，如今已经毕业了。

时间一天天地过去，我和二姐的感情也一天天地加深。过年的时候，我和二姐、阿姨都专门到天意商场购置新年的生肖吉祥物。2009 年，我有了自己的小宝宝。二姐还给我的女儿送了长命锁，准备了小车子。有这样的二姐，我感到特别幸福。

当知道二姐得病后，我真不相信那是真的。我觉得老天不公平。也许这是老天怕二姐太累了吧，想让她休息一下了。在二姐与病魔斗争期间，我更看到了她的坚强。每次看到被病痛折磨的她，我都会躲起来哭一阵子，以发泄内心的痛苦。那种心情没有人能够体会到。最后病魔夺去了二姐的生命，她就这样离我而去了。那天我取消了一切其他的活动和安排，我想用这样的方式来祭奠我尊敬的、最珍爱的二姐。

如果有来世，我还让你做我的二姐。安息吧，二姐！

我的婆婆张老师

连晶晶

相　识

2005年的夏天，还在读研究生的我结识了谷盾先生，随后从相爱到结婚至今已经10个年头。其实我和爱人的相识与相知，也同时是和张研老师的相识与相知。

当时的谷盾先生仍在日本东京工作，早些年他前往日本留学读研直至就职，已经在日本生活了七八年。因为他是家中独子，张老师十分希望他能尽早回国成家，留在父母身边。于是张老师动用各种资源给谷盾先生搜罗相亲对象。那时她带的一名博士生已经结婚，他的爱人正好是我读研时的同班同学，这位同学年长我几岁，知道我还没有对象，就带来了谷盾先生的照片让我看。我对谷盾先生的第一印象很好，随后就安排了见面。

当时正值暑假，北京的8月份，“桑拿天”闷热潮湿，谷盾先生回国探亲，我们的见面也就安排在了他的行程里。也正是因为他回国只有十几天的时间，所以正常的男女相识和了解的节奏在他这里都不适用。一般说来，两人从开始约会到互相了解与相处，再到见双方父母都需要很长一段时间。但是由于他的行程紧张，所以在见了一面之后，在我浑然不知情的状态下，就稀里糊涂跟着他踏入了谷家的大门。开门迎接我们的正是张老师。在此之前，我只听同学说她是中国人民大学的博士生导师，甚是敬畏，没想到真人竟是如此和蔼可亲，完全不是我想象中的模样。那天我只是去取一趟东西，没有久坐，但也算是和未来婆婆的第一次相见。后来回想起那次见面，我十分能够理解做母亲的心情，想必她迫切地希望在第一时间知道未来儿媳妇选得怎么样了吧，因此对于我来说，在谷盾先生那么短暂的北京探亲时间里，和他相亲就是在与他的所有亲朋好友相亲。而我与他的相爱和婚姻，缘起就是张老师。如果没有她的张罗，我们不可能相识。

成为一家人

从进入这个人家庭那一刻起，我就喜欢上了这一家人。我和谷盾先生很快确定了恋爱关系，在 2007 年谷盾先生彻底离开日本回国之前，我们早在 2006 年的暑假就领了结婚证，领证之前真正在一起相处的时间不到一个月，也算是当时的“闪婚”一族了。张老师对我们的婚事十分热心，特别希望我们尽早成家，也早早地就把我当成亲闺女一样来看待了。

谷盾先生还在日本期间，我常常自己从学校坐公交车到张老师家，她给我做饭，跟我聊天，还一起出去逛街购物。当时的我独自一人漂泊在北京读书，突然像是在这里有了一个家，那种感觉幸福极了。张老师谈吐优雅，语言清晰，嗓音很好听，想必学生都会十分喜欢上她的课。她常常能给我关于人生和学业的指导，和她的对话很多是和我自己的父母之间从来没有过的，甚至可以说，她对我的人生观和价值观都产生了很大的影响，我对她充满崇敬之情。另一方面，她又十分幽默风趣，我记得那时她常常眼珠一转，一脸坏笑地问我：“‘胃亏肉’吗？”然后带上我去吃自助烤肉。

2006年夏天，我和谷盾先生商定等他回国探亲的时候领结婚证。在他回国之前，张老师专门带我去海淀民政局打探了一番，看看领证的流程、人多不多。然后在谷盾先生回国后的第二天，我俩就兴冲冲地把结婚证领了回来。记得那天张老师穿着很隆重，在我们回到家里之后，很正式地将一枚结婚钻戒交到我的手中。然后笑着说祝贺我们成为“合法夫妻”了！这枚戒指已经替我保管了很久，终于可以给我了！然后她给我们俩拍了一张照片，记录下了那个幸福的时刻。随后我们两人的婚礼基本上也都是张老师一手操办的，连她的很多博士生都参与到了婚礼筹备和现场的工作中来了。2006年国庆节期间，张老师带着我和谷爸爸一起去安徽玩了几天。我们一家三口爬黄山，品美食，游李鸿章故居，令远在东京的谷盾先生羡慕不已。在黄山的缆车上，一个阿姨对张老师说：“这是你闺女吧？长得真像！”张老师笑而不语。

可能这就是我和这一家人的缘分吧，无论是对谷盾先生，还是张老师，从相识就感到亲切。这对母子从我进入谷家大门的那一刻起，就成了我的亲人。我喜欢听他们两人谈论历史，两个人的语言都是那么有吸引力，我还在他们不知情的时候偷偷录下来几段；也喜欢看他俩在大街上像孩子一样手拉手大摇大摆地走，分别时会给对方一个大大的拥抱，张老师毫无顾忌地在公共场合表达自己对孩子的疼爱，她也正是这样用她所有的能量温暖了整个家。

婆媳关系

毫不夸张地说，我遇到了一位难得的好婆婆。很多影视剧都在描绘婆媳关系有多么难处，我的闺蜜也常常给我诉苦，说她的婆婆觉得儿媳是在和她抢儿子，导致两人矛盾升级。而张老师不一样，她不认为我的存在影响了她和儿子的关系，相反，她认为自己终于有了一个闺女。她可以花钱买女孩子的衣服和首饰，然后找个场合送给我。

记得有一次她拉着我去商场买裙子，当时橱窗模特身上穿着一条蓝色渐变的长裙，层层叠叠十分有意境，然后她说："你穿上一定很好看。"鼓动我去试穿。当我穿着那条裙子从试衣间出来的时候，她说了句"漂亮"，转身就去付钱了。我看了看价签，将近1000元！我说太贵了不要买，她坚持买下了那条裙子，那是我在学生时代拥有的最贵的一条裙子。记得在商场下电梯时她悄悄给我说："裙子价钱不要告诉谷爸爸！"这句话听起来很熟悉，在我小时候，每次父亲给我买了很贵的东西，都是这样跟我说的："价钱不要告诉你妈！"一个半路"杀出来"的妈妈能对自己如此宠爱，就知道她是怎样一个婆婆了。

逢年过节，她都会对我们小两口在经济上支持一下，然后再买很多美食或者礼物送来。我和谷盾先生的生日只差一天，每年她都会为我们精心准备生日礼物，还在网上为我们订好生日蛋糕。有一年，几个年轻人给我们送来了全套的水族箱设备，以及热带鱼和箱内装饰品，询问才得知是张老师在网上订的。她就是这样常常给我们带来快乐和惊喜，而且永远紧跟时代，接受新鲜事物比我们还快。

好的婆婆对媳妇不乏赞美之辞。她常常在外人面前夸赞我，她的很多同事和学生都知道我的存在。这些话语会让我感到十分开心，然后就会更加努力地在她面前“表现”一下，所以我们的婆媳关系就在这样的情况下进行良性循环。她会鼓励我们小两口出去约会，我和谷盾先生闹点儿小矛盾的时候，她会在中间调和，替我“批评”他，然后再到我面前说他的好话。此外，她对于我们的个人空间十分尊重，不干涉我们的生活，也从不要求我们要为她做些什么，她的期望就是我们的小家庭能够幸福快乐。

奶奶和孙女

有的时候我会十分怀念以前和他们住在一起的生活。因为自从我们住到新房之后，两个家离得远了，无法像以前一样常常聚在一起吃饭、打牌。有了女儿之后，由于工作忙碌，我的母亲就和我们住在一起，照顾孩子。张老师那时工作和科研事情较多，加上孩子年幼占据了我很多精力，我们的见面和相处就少了，这让我感到十分遗憾。

张老师作为奶奶，对孙女的喜爱之情溢于言表，垚垚这个名字就是张老师给起的。她会用所有美丽的辞藻去描述垚垚，每次见到孙女，都要欢喜半天。我们给她传过去一些垚垚的照片，她就会冲洗出来很多张，还会制作成水晶相框，摆满床头。每次去她那里，她都会买棒棒糖给垚垚留着，得知垚垚喜欢吃什么，就会准备很多。我知道她内心深处对孩子的疼爱，也了解她因为自己精力有限无法更多地陪伴孙女而心怀遗憾。作为家庭的顶梁柱和清史研究所的带头人，需要她的地方实在太多，一个女人能像她一样兼顾四方，已然十分不易。可惜的是，垚垚不能像我们那样幸运，受到张老师那么多指导和宠爱。这可能也是为什么我一定要写下这些文字，让长大以后的垚垚知道，她曾经拥有过一位多么优秀的奶奶。

给婆婆的话

张老师，妈，您是我遇见的最好的婆婆，您是连接我们这个大家庭的纽带。因为您，我才有幸进入这个温暖的大家庭；因为您，我才能成长为一个更好的教师、妻子、儿媳、母亲。如果有来生，请记得对自己好一点，因为您对我们来说实在是太重要、太珍贵了。我们晚辈会传承您未完的事业和梦想，过好我们的生活，照顾好老人，培育好下一代。

唁函篇

开帙、麦林同志：

惊悉圆圆病逝。深为悼惜！

您二老失去了一位好女儿，祖国失去了一位优秀人才。教育界、文史界失去了一位精英。但她的才力、智慧和对社会的贡献已长留世间。也不虚一生了。望二老节哀珍重，多多保重身体。

力 真　简湘文

张部长、麦林二老：

昨天收到你们的好女儿、教育界的好干部、国家的好史学家张研去世的噩耗，非常悲痛。

还是按惯例把材料给我全家人看了。我们全家人都认为张研是一个孝顺的女儿、信仰坚定的好党员、敬业爱岗的好干部、刻苦钻研的好史学家。她这一生能取得这样的辉煌，为教育界、史学界做出这么大的贡献，除了党的领导、个人的拼搏外，和你们二老从小对她的培养教育和影响是分不开的。我深知二老一定会为失掉这样一位好女儿而万分悲痛。但是正像降老说的那样，疾病难忍的痛苦，对她也是一种摧残，她走了也是一种解脱。望二老节哀顺变，保重身体。你们的健康长寿，不但是我们的愿望，更是张研的最大心愿。我们全家为张研的去世感到惋惜和悲伤，这对我国教育界、史学界都是一个巨大的损失，对家庭更是一个很大的创伤。我们一定要学习她热爱党的事业、严以律己、宽以待人、胸襟坦荡、大公无私的高尚品德，为实现中国梦贡献余热。我们全家对二老和张研的家人表示慰问！

温桂田

张、王二老：

当我看到你们的来信时，映入我眼帘的是张研的相片。我急忙撕开信，想知道究竟。当我把信看完，我深深地为你们失去这么一位好女儿难过、流泪。我与她接触虽然不多，但从她青年到中年时都曾有过接触。每次给我留下的印象都是诚恳谦虚有礼貌，对老一辈人尊重热情。二老，我理解你们的心情，但这毕竟已是事实，请你们一定节哀，保重身体。她虽然走得太早了，但她为人民做出了很多成绩、贡献。她的一生是为人民做出了一切，并没虚度人生。二老为党为社会培养了如此优秀的女儿，足以欣慰。

人生早晚都要走的，请想通，要振作起来，请二老互相开导，不要沉湎于悲痛之中。

祝

二老健康！

陈彤云

张、王二老：

惊悉二老的女儿、我们的老师、党的好干部、优秀共产党员张研同志先我们走了，非常痛心、惋惜。由于得知消息较晚，未能到家中悼念，特此表达哀思。望二老节哀顺变，保重身体。

马利明 史福厚

张老、王大姐：

惊悉二老的爱女张研不幸病逝，深感悲痛和惋惜。前几天曾打电话向二位致哀，但未能接通，现特致函问候。

张研教授一生忠善勤恳，学术上卓有成就，教书育人，桃李芬芳。她的生命价值十分厚重，她的音容笑貌与高贵品德将永远留在人们的记忆中。

人生有时会遇到某种不幸，而非人力可以与之抗争，唯愿逝者安息。

敬希两位节哀顺变，多多保重。

凌空　司君恒敬上

张部长、麦林同志：

惊悉爱女张研不幸去世，心中非常难过。

她的离去，不仅是你们和家庭的不幸，也是国家和社会的损失。

她是在一个有良好家风、育人的家教环境中长大的。她是在党的培养、系统的教育下成长起来的。

她是人民的教师，桃李满天下。在祖国大地各个地方，都有她的学生。她的知识必将一代一代传下去，发扬光大。

她是史学家。出版有很多著作，丰富了中国文化和历史，留给后人的宝贵遗产必将流传千古。

人虽已离去，可是她的知识、美德，让人们永远记住她。她永远活在人们心中。

请二位节哀。好好活着，健康长寿，这是对她最好的纪念。

彭新友　朱华云

开帙、麦林：

您好！

来信得知张研不幸病逝，深为悲痛，请接受我们诚挚的慰问！并望节哀！

张研高风亮节、知识渊博，培养出不少硕士、博士生；而且著书立说、勤奋刻苦，为中国的一些学术问题做出了贡献；心地善良，孝顺父母，这样道德高尚的人世上难找，英年早逝令人痛惜！

她已走出了你们的家门，是我们党的好女儿、人民的好女儿，我们为她自豪！这与你们高尚的品德、言传身教是分不开的！

多保重！并祝健康！

李向民　胡志云

送别圆圆同窗心语

寒星坠天边，
同侪裂肝胆。
治史说司马，
失声哭张研。

——来自老熊博文《讣告》

同窗远行
挥泪相送
逝者安息
生者保重
永远怀念亲爱的学姐张圆圆。一路走好！

——红胡子老酒

今天去送别圆圆，见到她将近百岁的父母，心里特别难过。各位学长、各位同窗，为了还健在的父母、为了家庭、为了孩子，一定要保重自己，注意健康，且行且珍惜。

——《清史人生不朽　学界女侠走好》

一直认为，圆圆是文科班顶尖的才女之一，论文笔、论才华、论体育、论音乐、论人品、论意志、论魅力，哪一样输给他人？天妒英才啊！

——《哭送张圆圆》

京城老友

一个好人静静地走了，
一个曾经的同学远去了。
她曾经生动地活在我们身边，
也曾经优秀地奉献于这个社会。
但她终于还是过早地先于我们走了，
让我们在心中缅怀她迷人的音容笑貌，
让我们记住二附中文科班学姐圆圆！

——《怀念圆圆》

春之声

震惊，走得太早了！愿她在天堂安息！

——《怀念圆圆》

换个活法吧，姐姐！天堂更需要的是你的歌声！

——《怀念圆圆》

京城老友

虽然与你不同班，
音容笑貌记心间。
此去长安不归路，
迟早我们能相见。

——《讣告》

愿圆圆在天堂生活得轻松一些。

——老缪

太令人震惊了！不知道她得病啊！

——刘诚

哭圆圆！也为你解脱了痛苦欣慰！我昨天回来你昨天走了，还以为能再见到你……送文德的时候你拥抱了我，今天又要送你，永远忘不了。

——禾子

就这样，一个一个地退场了。待凑齐，咱们再来一场汇报演出。逝者安息，生者保重。

——老酒

太突然了！从来没有听说她生病。愿她在天堂里安息！想念她！

——大郭郭

张圆圆同学安息吧！一路走好！

——田地

圆圆，走好！

远在纽约，不能参加追悼会，请各位老同学代表，并在此遥送圆圆。

——Helen

圆圆，我会永远记得你的。

——踏遍青山

校庆前后与圆圆通话几次，知她腰腿痛行动困难，爱人重病，想去看她，她婉拒不允。盼着她好一些了再见面，谁知今日竟闻噩耗，痛！痛！痛！

——老智

今早看到小放发布的圆圆逝世的讣告，感到意外和悲痛。50 年前大家走到一起，在二附中度过那难忘的 4 年同窗生活。现在老同学走了，令人悲痛。愿圆圆走好！

——王志乐

那年送王文德走，张圆圆还向我一一介绍她的学术成果。转眼之间斯人已逝，痛哉，张圆圆！

——老徐

惊悉圆圆同学不幸病逝，十分悲痛！望她一路走好。

——多多

影像篇

①② 工作

①②③④ 参加学术讨论会

①② 幸福的家庭

①②③ 游学

①② 和学生们在一起

①② 花甲华诞